I0762456

OCÉANO exprés

GABRIELLE BERNSTEIN

SÚPER ATRACCIÓN

CÓMO HACER REALIDAD LA VIDA QUE NI EN SUEÑOS HABRÍAS IMAGINADO

exprés

La autora de este libro no presta asesoría médica ni prescribe el uso de ninguna técnica particular para tratar problemas físicos, emocionales o médicos sin la asistencia directa o indirecta de un profesional de la salud. Su único fin es ofrecer información general de utilidad para la búsqueda del bienestar emocional, físico y espiritual. El uso que usted haga de esa información no es responsabilidad de la autora ni de la editorial.

SÚPER ATRACCIÓN
Cómo hacer realidad la vida que ni en sueños habrías imaginado

Título original: SUPER ATTRACTOR. Methods for Manifesting a Life Beyond Your Wildest Dreams

Publicado según acuerdo con Folio Literary Management, LLC e International Editors' Co.

Traducción: Enrique Mercado

Diseño de portada: Tracey Edelstein

Guillermo Barroso 17-5, Col. Industrial Las Armas
Tlalnepantla de Baz, 54080, Estado de México
info@oceano.com.mx

Primera edición en Océano exprés: agosto 2024

ISBN: 978-607-557-968-9

Impreso en México / Printed in Mexico

Para mi hijo, Oliver

Índice

Introducción

Eres un imán súper poderoso

Siempre he sabido que existe una presencia no física más allá de mi vista material. Durante toda mi vida he sintonizado intuitivamente con ella y la he empleado como fuente de la bondad. He utilizado esa ilimitada presencia de poder para sanar mi cuerpo, reforzar mis relaciones, guiar mi carrera de servicio a los demás y atraer la satisfacción de mis más grandes deseos.

Hay muchos nombres para esa presencia espiritual. La llamo indistintamente Universo, Dios, espíritu, orientación interior y amor, entre otras denominaciones. Quizá tú tengas un término propio, que hace eco en ti. O podrías ser nuevo en el campo de la espiritualidad y aún careces de un vocabulario sobre el tema. No importa. La forma en que llamemos a esa presencia es irrelevante. Lo imperativo es que estemos en contacto con ella. El hecho de que estés leyendo este libro confirma que, consciente o inconscientemente, has escuchado la orientación divina que te trajo hasta aquí y estás dispuesto a reclamar ese contacto.

Tu buena disposición me inspira respeto. Reclamar mi contacto con esa presencia espiritual ha dirigido mi vida entera. La simple decisión de sintonizar con esa fuente de amor permitió que me recuperara de la adicción que sufría, sanara de mi trastorno de estrés postraumático, eliminara creencias aprensivas y viviera con un propósito claro. Mi conexión con la presencia del amor me ha guiado, protegido y asistido en la co-creación de mi vida. Vivir en diaria devoción a esa fuente no física de poder ha hecho de mí un imán súper poderoso.

Ser un imán significa que recibo justo aquello en lo que creo. Hace posible que co-cree el mundo que deseo ver realizado si me alineo con emociones que me hacen sentir bien y las dirijo a mis deseos. Me permite explotar una ilimitada fuente de energía creativa y aportar ideas de inspiración, ofrecer sabiduría, recibir en abundancia y sentirme libre. Y lo mejor de todo, es un poder que puedo transformar en una fuerza de bondad en el mundo.

Que sea un imán no quiere decir que no haya enfrentado enormes desafíos. Pero veo con claridad que mis dificultades han formado parte desde siempre de un gran plan, el cual ha contribuido a fortalecer mi fe en mi conexión como imán. He decidido percibir las amargas experiencias de la vida como tareas espirituales de crecimiento y sanación. He aceptado que nada sucede por accidente. Y sé que mientras recuerde que soy un imán, lograré aceptar las experiencias amargas como oportunidades de afinar mi poder interior y acercarme más a la conciencia. Las complicaciones me brindan la posibilidad de pulir el cristal que soy. Ser un imán no significa que todo sea perfecto sino que, pase lo que pase, enfrentaré la vida con fe. Reclamar mi poder como imán me ha ayudado a superar los momentos difíciles con mucho más donaire, sinceridad y compasión que antes.

Este modo de vida me ha concedido lo que más deseo: libertad. Me siento en libertad de saber que una energía de amor está siempre presente en mí y en mi circunstancia. Me siento en libertad de saber que soy guiada en todo momento y que puedo co-crear el mundo que deseo ver realizado. La libertad es el mayor don de todos. Nada me detiene. Juego a lo grande. Durante más de una década he vivido, amado y enseñado con esta libertad. Ella me ha otorgado la experiencia de ser una fuerza de luz desbordante en el mundo.

Cuando te alineas con tu energía de imán, el temor no te bloquea. Recuerdas que eres un espíritu con una experiencia humana. El espíritu dentro de ti es la presencia de la inspiración, el gozo y la verdad de lo que eres. Cuando practicas estos pasos, recuerdas que eres un espíritu sabio, poderoso, saludable y sagrado. Cuando aceptas esto, puedes ser libre. Sentir libertad es inevitable si sintonizas tu energía con la presencia de tu verdad. Quizá no estés conectado con ella todo el tiempo, pero cuanto más a menudo acudas a esa verdad, más fácil será que te sientas libre.

Como maestra espiritual, yo he visto a cientos de miles de personas del mundo entero abrir los ojos a la presencia de su libertad interior. Todos los días atestiguo esas transformaciones. Pero aunque ese despertar es hermoso, no basta. A menudo lo consideramos el punto final cuando es apenas el principio. Además de saber que podemos sentirnos mejor y atraer más, también debemos encarnar plenamente esta verdad, con el propósito de ser libres. El primer paso para hacerlo es eliminar el sistema de creencias aprensivas que nos impiden ser imanes. Debemos estar dispuestos y comprometidos con cambiar nuestra manera de pensar, actuar y vivir.

En mi caso, no tuve que salir a buscar esa conexión; bastó con que me serenara y recordara. He dedicado toda mi vida al proceso del sosiego y la realineación con mi poder interior. Con cada meditación, vibro a una frecuencia más alta; con cada oración, me abandono a un poder que me rebasa. Mi consagración a la esfera espiritual me ha dado la libertad que deseo. No soy excepcional. También tú posees esa conexión, y reclamarla es fácil y divertido. En este libro te explicaré lo que puedes hacer para ponerte en contacto con esa fuerza.

Quiero que sepas esto: eres un imán muy poderoso.

Si ello te hace sentir extraño en este momento, está bien.

Pero sé que cuando termines este libro, reclamarás ese poder con absoluta seguridad y aplomo. Sin la menor sombra de duda, sabrás que eres un imán.

En 2016 publiqué *The Universe Has Your Back: Transform Fear to Faith* (*El Universo te cubre las espaldas: del miedo a la fe*) Lectores de todo el mundo siguieron sus lecciones para fortalecer su fe en el Universo. Reclamaron su conexión con un poder superior y restauraron su fe en el amor. Cuando me preparaba para escribir un libro nuevo, supe por intuición que era hora de llevar esas enseñanzas al siguiente nivel. Este volumen es ese paso sucesivo. Con las prácticas que se describirán en los capítulos subsecuentes, romperé moldes espirituales y te enseñaré a afinar tu conexión espiritual a fin de que atraigas sin esfuerzo lo que deseas. Si no has leído *El Universo te cubre las espaldas*, no te preocupes. No es un prerrequisito. Confía en que, por alguna razón, fuiste guiado en primer término a este libro.

Es probable que hayas iniciado hace tiempo una senda espiritual. Quizá ya practicas la manifestación y vives conforme a la ley de la atracción. O bien, estos conceptos podrían ser del todo novedosos para ti. Cualquiera que sea el caso, este libro te ayudará a que los conviertas en algo natural en ti. En sus páginas te daré a conocer mis métodos personales para que te alinees con tu presencia como imán. Recibí la influencia de mis maestros Abraham-Hicks y Wayne W. Dyer para crear algunas de estas prácticas, así como del texto metafísico *A Course in Miracles* (*Un curso de milagros*). Sin embargo, mi principal maestro ha sido mi experiencia de vida. Cada día me brinda una nueva oportunidad de aproximarme más al Universo y reforzar mi poder como imán. Cada reto de la vida ofrece nuevos milagros y lecciones. A lo largo de este libro echaré mano de mis ejemplos personales acerca de en qué consiste vivir en alineación y ser un imán.

RECLAMA TU PODER COMO IMÁN

Para dominar tu poder como imán debes empezar por conocer la causa probable de que te hayas desconectado de él. En cerca de quince años como maestra espiritual, he comprendido por completo las formas más comunes en que la gente hace mal uso de ese poder y lo bloquea. Supongo que te reconocerás en alguno de los tipos siguientes (o en todos).

¿Te olvidaste de tu poder?

Incluso una persona que ha iniciado ya una senda espiritual podría olvidar que es un imán. Es muy fácil que te dejes atrapar por visiones del mundo basadas en el miedo y debilites tu fe. Cuando se impone el miedo, te sumes en una especie de estado de coma. Olvidas literalmente quién eres. Eriges sistemas de creencias de división, escasez, crítica y negatividad. Todas estas falsas percepciones niegan tu poder interior y bloquean tu capacidad como imán. Este libro es una llamada de atención que te recordará la verdad de lo que eres. El solo hecho de que estés leyendo esta introducción indica que ya empezaste a despertar y recordar.

¿La manifestación te obsesiona?

Muchos individuos que leen libros de desarrollo personal, asisten a seminarios, meditan y oran, aun así se sienten estancados. Oigo con frecuencia estas palabras: "Pese a que hago todo bien, Gabby, aún me siento mal. Rezo, medito y digo afirmaciones positivas, pero no atraigo lo que deseo. ¡¿Qué pasa?!".

Lo que ocurre es que esas personas están "obsesionadas con la manifestación", como yo llamo a este fenómeno. Tienen fe en el Universo y cuentan con numerosas herramientas espirituales, pero su energía bloquea su conexión. Le juegan malas pasadas al Universo en lugar de alinearse con su verdadero poder. La obsesión con la manifestación se presenta cuando alguien dispone de todas las herramientas espirituales y la terminología necesarias pero olvida lo más importante de la atracción: la sintonía con el Universo. Puedes decir afirmaciones, orar y meditar a diario y aun así no atraer lo que quieres, porque tu energía está desalineada. En vez de recibir, deseas "obtener". Este libro te enseñará que el elemento primordial de la manifestación con el Universo es encarnar la energía del amor. Si la manifestación te obsesiona, ¡estás en el sitio adecuado! En este libro te conduciré hacia una forma de ser totalmente nueva.

¿Eres impaciente?

Las personas impacientes controlan y presionan para cumplir sus metas y sentirse seguras. Creen que cuanto más hacen, más lograrán. Tratan de "obtener resultados" en lugar de atraerlos de modo natural. Han olvidado que disponen de apoyo más allá de su voluntad y acción. Creen que la obtención de resultados depende por completo de ellas y que alinearse y recibir orientación no entra en la ecuación. Han olvidado dónde reside su poder verdadero. Ésta es una característica frecuente y que muchas culturas recompensan. El miedo les hace creer a los impacientes que, si no son súper productivos, nada sucederá. ¡No saben que su avasalladora energía bloquea su capacidad de atracción! El Universo no reacciona bien a la energía frenética; vibra a una frecuencia positiva, y para que co-cree contigo es preciso que tu energía se alinee con esa frecuencia.

Las prácticas de este libro te asistirán para que te serenes, te aquietes y seas tolerante. Te enseñaré el arte de ceder a fin de que no te impacientes, te sientas seguro y recibas de manera natural.

¿El temor te tiene sujeto?

Cada día nos da nuevas oportunidades de inclinarnos al temor o al amor. Aunque siempre estamos en condiciones de escoger, es usual que (en forma inconsciente) elijamos, por omisión, el temor. Lo hacemos de muchos modos, los cuales van desde los programas de televisión que decidimos ver hasta las conversaciones que sostenemos y los pensamientos que albergamos. La presencia del miedo es señal inequívoca de que nos hemos desconectado de la amorosa presencia del Universo.

En este texto te proporcionaré herramientas prácticas y principios espirituales para que elimines el temor y reclames el amor. La aniquilación del temor no tiene que ser difícil. De hecho, podría ser mucho más sencilla de lo que piensas. ¡Prepárate para crear cambios radicales a gran velocidad!

¿Criticas?

Criticar, comparar, agredir y sentirnos mejores que otros son actos que nos desconectan del Universo. Si te identificas como una persona que critica demasiado (a los demás o a ti misma), date un momento para advertir la sensación que eso te produce. Sé sincero y amable contigo mientras lo haces. Pese a que en ocasiones tus juicios se justifiquen o intentes racionalizarlos, es innegable que te procuran una sensación negativa. Ser un imán consiste en que te sientas bien, ¡y en este libro te ofreceré numerosas e increíbles herramientas y prácticas espirituales para que cultives el gozo y te diviertas! Con tu disposición a dejar de criticar y a optar por la compasión y la paz, recuperarás tu poder.

Éstas son sólo algunas de las formas más comunes en que bloqueamos nuestro poder como imanes. ¡La buena noticia es que tu poder no te ha abandonado nunca! Simplemente lo olvidaste. Este libro te encauzará a reconocerlo, reclamarlo, usarlo para atraer lo que deseas y ser una fuerza de bondad en el mundo.

Permite que en los capítulos siguientes yo guíe tu transformación en imán con pasos muy efectivos. En cada capítulo he incluido métodos y lecciones espirituales que se apoyan entre sí para que al final puedas reclamar por completo tu poder. Aunque cada método de este texto puede aplicarse por separado, aparecen en un orden que tiene un efecto acumulativo. Sigue fielmente las instrucciones de cada uno para que saques el máximo provecho de este proceso de transformación. Quizá descubras que algunas lecciones resuenan más en ti que otras. ¡Está bien! Una vez que pases por todos los capítulos, serás capaz de aplicar las herramientas de manera indistinta y a tu ritmo. Y sobre todo, ¡diviértete! Cuanto más te diviertas, más poder tendrás como imán. La diversión hará de ti un magneto de milagros.

La promesa es ésta: cuando te aceptes como imán, ¡tu vida será impresionante! Te sentirás dichoso, inspirado, potenciado y decidido. Dejarás de controlar, comparar o presionar y te asentarás en una sensación de relajamiento. Lo mejor es que serás un gran ejemplo para otros y vibrarás a una frecuencia amorosa tan alta que tu energía se dejará sentir en todas partes.

He aquí cómo se divide este libro:

Capítulo 1. El Universo siempre cumple

Cada pensamiento que tienes es un mensaje que envías al Universo. Éste dice invariablemente que SÍ a tus pensamientos, energía y emociones. Por tanto, recibirás lo que des, lo quieras o no. En el capítulo 1 te guiaré para que tomes conciencia de lo que pides. Te ayudaré a ver que es común que pidas lo que no deseas, y te mostraré cómo aclarar conscientemente tus peticiones al Universo. Éste es un paso imperativo para que seas un imán, porque establece un diálogo franco con el Universo. En este capítulo te enseñaré mi método para que te sirvas de tu poder como imán en vez de que sigas la voz del temor, y te indicaré cómo convertirlo en un hábito fácil de mantener.

Capítulo 2. Está bien que te sientas bien

Uno de los principales obstáculos para ser un imán es nuestra resistencia a sentirnos bien. Tendemos a encontrarnos más cómodos en un estado de miedo que en uno de felicidad y fe. Aprendemos a confiar en que el temor nos protegerá de la decepción, el daño o la provocación. Nos acostumbramos tanto a las proyecciones aprensivas del mundo que no creemos que las cosas pueden ser buenas. Suponemos inconscientemente que si nos concentramos sólo en lo bueno, perderemos el control de nuestro entorno y estaremos inseguros. En el capítulo 2 aprenderás a concebir tus temores de otra manera y a priorizar el hecho de que te sientas bien. Este paso te preparará para que la manifestación se dé, porque para atraer todo lo bueno debes estar convencido de que lo mereces. Los ejercicios del capítulo 2 te ayudarán a dar la bienvenida al mérito y la felicidad y a reclamar todo lo que quieres atraer.

Capítulo 3. Hay más que suficiente para todos

El miedo a que no haya suficiente obstaculiza de manera importante tu poder como imán. La energía de la escasez hace que vibremos a una frecuencia baja, que ahuyentemos justo lo que deseamos y provoquemos más escasez.

En el capítulo 3 te enseñaré mi método para superar la carencia y la comparación mediante una intención positiva. Esta práctica consiste en pedir que los demás tengan más de aquello que deseas para ti. ¡Muy pronto verás que desear más para otros te sitúa en una energía de abundancia! El anhelo de que otros se sientan bien hace que nosotros nos sintamos bien. La simple práctica de pedir que también los demás reciban cosas buenas te llenará de una energía de receptividad, y esta sensación de abundancia atraerá rápidamente más beneficios a tu vida. Cuando ruegas de corazón que otros disfruten de abundancia, tu buena suerte se multiplica.

Capítulo 4. Diviértete en el camino

¡En el capítulo 4 te haré tomar conciencia del grandioso poder de la diversión! El gozo es eminentemente creador, así como la vibración más efectiva que podemos encarnar. Cuando calibras tu energía de acuerdo con la experiencia del gozo, te vuelves un imán de todo lo que piensas. En este capítulo te enseñaré un método para que pases rápidamente de pensamientos negativos de bajo nivel y energía a un estado positivo. Te guiaré para que confíes en que tus pensamientos y energía te auxiliarán a sortear los desafíos de la vida y a enfrentarla con optimismo. ¡Las prácticas del capítulo 4 te harán ver que, cuando te inclinas al gozo, permites que se te guíe!

Capítulo 5. Levanta el velo

En el capítulo 5 te dirigiré a la comprensión y aceptación de tu poder verdadero. Éste no es un título, estatus o logro. Te mostraré que reside en tu aptitud para sintonizar con la energía del amor y con la visión interna de luz. *Un curso de milagros* dice: "Los milagros se perciben bajo la luz". En este capítulo aprenderás lo que significa ver bajo la luz y llevarla contigo dondequiera que vayas. Te enseñaré también mi meditación para levantar el velo, en la que trascenderás la energía de este mundo y tendrás acceso a un ámbito de amor.

Capítulo 6. Una orientación invisible está a tu alcance

En el capítulo 6 romperé moldes metafísicos y te invitaré a que te abras a nuevas formas de orientación. Con objeto de que establezcas una relación espiritual que *comprendas*, te explicaré mis creencias sobre los guías espirituales. Estos guías son sabios, amorosos y compasivos y te asisten en todas las áreas de la vida. Te presentaré los diversos tipos de guías espirituales que existen, como los ángeles y arcángeles, tu Ser Superior, el amor del Universo y tus familiares y amigos ya desaparecidos. Te enseñaré a ponerte en contacto con ellos y a recibir su orientación y ayuda.

Capítulo 7. Haz menos y atrae más

Como ya señalé, la impaciencia es uno de los grandes obstáculos para que te conviertas en imán. Ser un imán consiste en que fortalezcas tu fe, la encauces hacia la energía del amor y permitas que el Universo determine tus sueños. Si efectivamente queremos poner en marcha esta práctica de ceder, es necesario que nos hagamos a un lado y dejemos que la vida fluya a fin de que prosperemos como imanes.

En el capítulo 7 te indicaré cómo poner tus deseos en manos del Universo o de un poder superior al alcance de tu comprensión. La práctica diaria de ceder tus planes a un poder superior contribuirá a que te mantengas sereno y aceptes el momento presente. En la quietud recibimos. Experimentarás un alivio inmenso, la reducción de tu ansiedad y un aumento súbito de energía a medida que dejes de invertir todo tu esfuerzo mental, emocional y hasta físico en controlar, obtener resultados e impacientarte. Te auxiliaré para que confíes en que la alineación con el Universo es suficiente para co-crear el mundo que quieres ver realizado.

Capítulo 8. Actúa en alineación con la espiritualidad

Cuando llegues al capítulo 8, ¡habrás pasado por grandes transformaciones! Llegado este punto, vibrarás a una frecuencia de imán y estarás listo para dirigir tu potente energía al cumplimiento de tus deseos. Estarás preparado para co-crear con el Universo mediante prácticas divertidas, creativas y reveladoras. Te enseñaré a aclarar tus deseos a través del poder de la intención. Tus intenciones positivas y entusiastas, combinadas con el libre fluir de la energía, te prepararán para que actúes en alineación con la espiritualidad. Verás que tus deseos cobran forma de un modo claro, concreto e incluso asombroso. ¡En este capítulo adoptarás la maravillosa práctica de celebrar tus momentos y manifestaciones milagrosos!

Capítulo 9. Valora cada vez más

Tan pronto como enfrentes la vida con alegría y actúes en alineación con la espiritualidad estarás listo para valorar todo en tu existencia. La valoración disuelve los obstáculos contra nuestro poder. Cuando asumimos un estado de valoración, creamos más cosas buenas. Adoptamos también una energía de aceptación y sin resistencias. En ausencia de resistencia, nos convertimos en imanes.

¡En este capítulo te conduciré por prácticas de valoración que llenarán tu corazón de júbilo y entusiasmo por la vida! Una vez que tengas acceso a un estado de valoración, te guiaré para que lo intensifiques. Cuando te dejas llevar por la valoración, quieres impulsarla todavía más. Aprenderás a hacer de ella un hábito que te mantenga sin esfuerzo en un punto de atracción fuerte y positivo.

Capítulo 10. Permite que el Universo determine tus sueños

¡El secreto de la atracción es subordinar tus deseos a un bien mayor! En el capítulo 10 te ayudaré a que sueltes el control para que confíes en que un poder superior te muestra siempre la acción correcta a seguir. ¡En este capítulo aprenderás a relajarte y disfrutar del proceso de la manifestación! Lo mejor de ser un imán es que no tienes que resolverlo todo. Te concentras en lo indicado, permaneces en la energía de la diversión y cedes al Universo la satisfacción de tus deseos. Aquí te guiaré para que prestes atención a tu sabiduría interior y a las señales del Universo. Sobre todo, este capítulo tratará sobre la forma en que debes ceder tu voluntad a un poder superior a fin de que permitas la espontánea aparición de los milagros.

Capítulo 11. Cultiva una fe inquebrantable en el Universo

En este capítulo te instruiré acerca de cómo permitir que el amor del Universo fluya en abundancia. Aprenderás a ver el temor como un sendero de regreso al amor y te enseñaré técnicas para que permanezcas en el cauce del bienestar y protejas tus sensaciones agradables. Reclamarás una certeza basada en la fe y verás que vivir con expectativas positivas despeja el camino a soluciones en toda situación, incluso las difíciles. Cuando alineamos nuestros pensamientos y energía con la fe, suceden milagros. Fe no es esperar que Dios te ayude; es *saber* que la ayuda ya está en camino.

Una vida espiritual

Este texto te hará comprender la importancia de que vivas en alineación con el Universo y no sólo te entretengas en algunas prácticas, a tu arbitrio. Mi objetivo no es que aísles tu vida espiritual y la mantengas apartada de tus experiencias cotidianas, sino que experimentes cada día una sensación de veneración y veas ocurrir milagros. Que te sientas unido a una fuerza espiritual en la que confíes. Que atraigas todo lo que deseas y generes una vida llena de propósito, felicidad, abundancia y paz. Que te sientas libre.

Tu aceptación como imán lo cambiará todo. Confiarás en que no pasará nada malo si te desprendes del pasado, y dejarás de temer al futuro. Te beneficiarás de una infinita fuente de abundancia, energía, dicha y bienestar. Este bienestar será la norma para ti y lo aceptarás como un derecho natural. Más todavía, sabrás por intuición de qué manera enfrentar la vida y arrojar más luz sobre el mundo a tu alrededor.

Este libro es una aventura que te recordará dónde reside tu poder verdadero. En él aprenderás a co-crear la existencia que deseas. Aceptarás que la vida puede fluir, que es divertido atraer cosas buenas y que no hace falta que te esfuerces tanto para conseguir lo que quieres. Lo mejor de todo es que te sentirás bien.

Sé una fuerza de amor en el mundo

Una vez que reclames tu poder como imán, la pregunta es: *¿Qué harás con ese poder?* Cuando te sientes bien, despides una alegría que eleva a todas las personas que te rodean. Al reclamar tu poder verdadero, asistirás a los demás para que hagan lo mismo. Las prácticas de este volumen te impulsarán a cumplir tu propósito y aumentarán la abundancia, felicidad, salud y paz no sólo de tus conocidos, sino también de quienes no conoces. Al terminar este libro comprenderás mejor cuál es tu propósito superior. Sabrás cómo cumplir tu función, que es la de ser una fuerza de amor en el mundo.

Es hora de que reclames tu poder. Pasemos al capítulo 1 y comencemos.

Capítulo 1

El Universo siempre cumple

¡Estoy muy emocionada mientras tomo asiento frente a mi escritorio para escribir este libro! Despierto a medianoche y pienso en todo lo que quisiera decirte. Ansío plasmar esas palabras en la página. Me alegra que estés aquí, y también que lo esté yo. Necesito este libro más de lo que te imaginas. Durante una charla que di hace poco, uno de los asistentes dijo: "Soy coach personal y me siento un fraude. Tengo muchos miedos, me obsesiono con las cosas más insignificantes y aún tengo muchos problemas personales que resolver. ¿Cómo puedo ayudar a otros a que manifiesten sus sueños si yo mismo paso por una etapa tan difícil?". Me reí y contesté: "Yo escribo ahora mi séptimo libro de espiritualidad ¡y aún soy un caso perdido!". En ese momento admití ante mí misma y el público que estaba muy desalineada de mi poder como imán. Que aunque en mis libros aparecen mi rostro y mi nombre y en general acostumbro a tener un micrófono en la mano, también yo necesito desesperadamente una intensa sacudida espiritual. Por eso me emociona tanto escribir este libro. Sentada en mi despacho, ya estoy mejor. Me siento potenciada por las palabras que sé que llegarán; vigorizada por las páginas que me comprometí a escribir y tranquila de saber que las respuestas ya se encuentran en mi interior.

Mi entusiasmo por este texto es una firme declaración al Universo. Es mi manera de decir "sí" a sentirme bien, corregir mis percepciones falsas y vivir con una dicha y libertad genuinas. El Universo siempre está atento a lo que ofrecemos.

Yo invertiré hoy una energía gozosa en todo lo que está por ocurrir a lo largo del milagroso viaje que me espera al escribir.

Justo ahora mientras escribo este libro, mi animador espiritual hace acto de presencia y se lo agradezco en el alma, porque en los últimos meses he estado lejos de sentirme dichosa. Me desalineé mucho de la energía de la alegría y me desconecté por completo de mi poder como imán. Todo esto sucedió en pleno lanzamiento de *Judgment Detox* (*La desintoxicación de los juicios*). Escribir ese libro fue una experiencia hermosa, pero cuando llegó el momento de lanzarlo, me estresé sobremanera. Me llené de temor, porque sentí que no controlaba la situación, carecía de apoyo y se me apremiaba a sobresalir. Me obsesioné con la manifestación, porque quería obligar al Universo a que me brindara los resultados que yo deseaba conseguir. Mi trabajo y relaciones personales sufrieron los efectos de esa desalineación. Además, me repetía a menudo razones negativas. Acumulé tantas que me enfermé y deprimí. Lo peor de todo fue que me sentía culpable por haberme desconectado de la fuente de poder verdadero de la que dependo. Cada uno de mis pensamientos negativos, acciones controladoras y respuestas fundadas en el temor le hacía saber al Universo que yo era un "sí" al caos.

Nos desalineamos cuando caemos en las garras de pensamientos fundados en el temor, que reducen nuestra energía. El texto metafísico *Un curso de milagros* enseña: "No hay pensamientos 'ociosos'. Todo lo que pensamos produce algo en algún nivel". Cada idea que tenemos emite energía. Esta energía nos acerca al flujo sustentador del Universo o se resiste a él. La energía detrás de nuestros pensamientos afecta directamente a nuestras experiencias. La incesante repetición de un pensamiento fundado en el temor y de baja vibración hace que éste cobre tanto impulso que acaba por manifestarse en nuestra vida. Durante el lanzamiento de *La desintoxicación de los juicios*, por ejemplo, yo no cesaba de repetirme esta idea: "Si no lo hago yo, nadie más lo hará". Ésta es para mí una vieja historia. Reincidí tantas veces en ese pensamiento que se convirtió en mi realidad. Al final controlé cada detalle y sentí falta de apoyo simplemente porque no permitía que nadie me auxiliara. Mis pensamientos acerca de que carecía de apoyo se hicieron efectivos en mi experiencia real.

Advierto que estoy desalineada cuando me concentro en metas y objetivos externos en vez de disfrutar de la vida. Cuando me desalineo, trato de controlar mis circunstancias. Me irrito, mi nivel de energía baja y me siento enferma. Me cuesta mucho hacer lo que sea y corto el flujo de la inspiración.

En contraste, cuando estoy alineada con el Universo me siento entusiasta y feliz, sean cuales fueren mis circunstancias. Soy positiva y optimista aun si enfrento retos. No me siento preocupada ni estresada, ni centro mi atención en los problemas. Recibo cosas buenas y me siento llena de creatividad. La gente me apoya y encuentro el modo de salvar todos los obstáculos.

Dos semanas antes del fin de la gira de presentaciones de *La desintoxicación de los juicios*, me quedó claro que estaba muy desalineada. Toqué fondo en mis pensamientos y patrones negativos. Era como si mi energía negativa tratara de frustrar el lanzamiento del libro. Quise controlar el proceso, me obsesioné con el resultado y dejé que el estrés motivara todas mis acciones. Deprimida y sin posibilidad de sostener esa conducta, no tuve otra opción que hacer un viraje. Una noche le dije a mi esposo: "No puedo más con este drama. Voy a cambiar el libreto. Aceptaré más ayuda y abriré espacio para que pueda concentrarme en mis dones. Quiero escribir más, dar más conferencias y vivir inmersa en mi fuerza creativa.

Desde ahora acogeré con gusto el apoyo del Universo a este cambio".

No fueron meras palabras: experimenté un auténtico cambio de energía. Acepté que en un instante podía elegir de nuevo y redirigir mi vida. Abracé la verdad: que tan pronto como nos realineamos con el amor, el Universo responde vigorosamente. En cualquier momento podemos transformar nuestra historia y decir "sí" a lo que queremos de verdad. En cuanto hacemos esto, el Universo cumple su parte.

Segundos después de que pronuncié esa oración, ya me sentía mejor, y me dejé llevar por ese impulso. Imaginaba a qué personas contrataría para que pudiera concentrarme en mi trabajo creativo. Me comprometí a relajarme y recuperarme. Días después, terminé en California mi gira y tuve uno de los grandes momentos de mi vida. La planeación de la presentación marchó sobre ruedas, los medios de comunicación me ayudaron mucho con la promoción y el público la pasó de maravilla. En el estrado me abandoné a mi arte y permití que la fuerza creativa universal me invadiera. Mi esposo notó este cambio y me dijo: "¿Qué te pasó? Estás de mejor ánimo". Respondí: "Le dije al Universo que ya estaba lista para realinearme".

La clave para recuperar nuestra alineación es que lo deseemos. En un instante podemos perdonar nuestro temor y elegir de nuevo. Podemos iniciar una nueva historia, alterar nuestras percepciones y hacer que sucedan milagros. Los pensamientos de baja vibración son adictivos y, como en el caso de cualquier adicción, debemos suspender el patrón para que sanemos. Este libro te dará herramientas eficaces para que pongas fin a tu energía negativa y tus pensamientos de baja vibración, redirijas tu vida a fin de que fluyas hacia lo que deseas y, más todavía, te sientas bien, relajes tu control y confíes en el Universo.

A lo largo de estas páginas me referiré con frecuencia a uno de mis maestros espirituales favoritos, Abraham-Hicks, conocido simplemente como Abraham. Abraham es obra de Esther Hicks, a su vez un canal de enseñanzas y lecciones sobre la Ley de la Atracción y una de las mayores expertas en este campo. "Abraham" será citado en plural porque representa una energía espiritual colectiva, la cual se describe a sí misma como "una conciencia grupal de la dimensión no física". Esta conciencia ha influido enormemente en mis enseñanzas y mi vida personal, y me enorgullece poder compartir en este texto sus enseñanzas. Abraham-Hicks dice: "La corriente del Bienestar es única. Permítela o resístete a ella, pero fluirá de todos modos". Esta corriente de bienestar es un flujo omnipresente de amor, creatividad, inspiración y paz. Cuando nuestra energía vibra con el amor, somos uno con la fuerza creativa del Universo. Cuando estás en este flujo sabes que, sean cuales fueren tus circunstancias, existe una solución espiritual para ellas. Experimentas libertad, lo mismo que fe en que lo que deseas ya está en camino, aun si no puedes verlo todavía. Te diviertes más y te sientes mejor. Se abren para ti puertas invisibles, y aparecen oportunidades creativas sin esfuerzo. Haces menos y recibes más. Cuando estás en alineación con el flujo del Universo, eres un imán, creas la vida que deseas y atraes más de lo que podrías imaginar en otras condiciones, simplemente porque tomaste la decisión de sentirte bien. La vida es más fácil cuando te realineas con el Universo.

Así, hoy te hago esta importante pregunta: ¿estás listo para realinearte con el Universo?

Aunque sé que la respuesta es "sí", quiero indagar más.

¿La respuesta es: "Sí, Gabby, estoy listo", o "Sí, pero..."?

Esta distinción es relevante, porque aun la más leve resistencia obstruirá el flujo.

Si te sientes renuente o vacilante cuando contestes esa pregunta, ésta es la solución: enfrentemos ahora mismo tu resistencia. Es muy probable que estés desalineado con el gozo, ¡así que no te asustes! Perdónate. Recita en silencio o en voz alta esta oración: *Perdono al pasado, suelto el futuro y honro la forma en que me siento en el presente*. En el momento mismo en que perdonas tu pasado, abres espacio para el presente y tiene lugar un cambio de energía. Pero lo principal es esto: justo en ese instante tomas el rumbo correcto. El Universo dice siempre SÍ, aun si no lo sientes de esa manera. El solo hecho de que estés leyendo este libro significa que has dicho "sí" al gozo, la abundancia, el bienestar, el romanticismo y cuanto desees. Al abrir este libro le hiciste saber rotundamente al Universo que estás dispuesto a realinearte con un poder superior y a ser un imán. Así, si hoy tienes muchos problemas, empieza por agradecerlos. Las dificultades nos dan a escoger entre permitir que nos hundan o nos ayuden a virar hacia la gracia. Los métodos de este volumen te ayudarán a llevar a cabo ese viraje.

Tan pronto como vires de dirección, ¡comenzarás una vida nueva! Asumirás una nueva manera de percibir el mundo, a ti mismo, tus relaciones y tu cuerpo. El deseo de sentirte mejor es lo único que necesitas para hacer un viraje a la alineación, así que, amigo mío, ¡empieza a virar!

Incluso las experiencias más difíciles te aportan gran sabiduría y enseñanza. Agradece que algo te haya provocado una molestia, porque te reveló en qué debes sanar aún. Dedica un momento a agradecer las situaciones de tu vida que no parecen estar bien. Bendice esas dificultades para que te sea posible librarte de ellas. Date un minuto ahora para que veas la pérdida de tu empleo como una oportunidad de conseguir un trabajo satisfactorio. Ve el rompimiento de tu relación como una oportunidad de amarte más. Acepta que un padecimiento físico es una oportunidad de acercarte a Dios. En cuanto optamos por percibir nuestro dolor como un catalizador de inmensa curación y desarrollo, nos realineamos con el poder del Universo. Esta gratitud te hará pasar de una sensación de víctima a un estado de positividad.

Quizá pienses: "Si agradezco algo, ¿no doy a entender que me agrada?". Lo cierto es lo contrario. Cuando permites que situaciones difíciles dominen tu existencia, les otorgas fuerza e impulso. Tan pronto como decides ver luz en los rincones oscuros, rediriges tu poder hacia lo que quieres. Las situaciones difíciles o desagradables te dan claridad acerca de lo que no deseas y te ayudan a descubrir lo que quieres. Éste es el primer paso de la realineación.

A lo largo de mi vida, cambios tan sencillos como ésos me han asistido para transformar en luz la oscuridad. Uno de los ejemplos más notorios de esto tuvo lugar el 2 de octubre de 2005. Ese día decidí abandonar el alcohol y las drogas y mantenerme sobria. Ese cambio salvó no sólo mi vida, también la de muchos otros. Escribí sobre mi recuperación en *Spirit Junkie*, obra que inspiró a lectores de todo el mundo a buscar el modo de recuperarse. Mi voluntad a ver mi adicción como una lección, perdonarme y optar por el amor ha sido útil para un sinnúmero de personas.

Si tú batallas con cualquier tipo de adicción, sea a una sustancia, conducta o pensamiento aprensivo, debes saber que en este instante puedes elegir de nuevo. Tu decisión de ver amor te ayudará a redirigir tu vida. Accede ahora mismo a perdonarte por todo lo que fue y celebra aquello en lo que te convertirás.

Cuando doy gracias por las dificultades, me siento potenciada. En estas condiciones, hasta los sucesos traumáticos y las adicciones son para mí recursos de aprendizaje, no periodos oscuros y vergonzosos. Cada situación angustiosa que he enfrentado en la vida, por difícil que haya sido en su momento, me ha brindado gracia. He tomado entonces la decisión de crecer a través del dolor y honrar todo aquello por lo que he pasado. Gracias a que veo con buenos ojos los tiempos difíciles, he dejado de sentirme víctima y me enorgullezco de mi disposición a crecer.

Claro que la meta no consiste en que te realinees a toda costa, sino en que hagas de la alineación una prioridad diaria. Dado que estamos apenas al principio de esta aventura, quizá descubras que la desalineación es tu estado normal. No te preocupes. En cuanto percibas que estás desalineado, agradece esa lección y perdónate.

¡No es necesario que corrijas toda tu existencia para que te sientas mejor ahora! De hecho, es poco lo que debes hacer. Inicia tu tránsito a la alineación con el método que llamo "Elige de nuevo".

EL MÉTODO DE TRES PASOS "ELIGE DE NUEVO"

Cuando sigas esta práctica, te recomiendo que documentes cada paso en tu diario de imán (visita la página de recursos de esta obra en GabbyBernstein.com/SuperAttractor).* Cuanto más apliques este método, más sencillo te resultará. Con el tiempo, podrás ejecutarlo mentalmente cada vez que lo requieras. Por ahora, deja que tu diario sirva de apoyo a tu progreso.

* Algunos de estos materiales son de paga y todos están en inglés.

Paso 1. Percibe el pensamiento

Cuando te estanques en la negatividad o el temor, da un paso atrás y nota que, por ejemplo, tus pensamientos y energía están desalineados del gozo. Pregúntate: "¿Cómo me siento en este momento?". Escribe tu respuesta en tu diario.

Paso 2. Perdona el pensamiento

Perdona que te hayas desalineado y celebra tu deseo de cambiar. Agradece a tus sentimientos y pensamientos negativos que te hayan mostrado lo que no deseas y revelado lo que quieres. Junto a cada pensamiento negativo que documentes, escribe las palabras *Gracias por revelarme lo que no deseo para que aclare lo que quiero.*

Paso 3. Elige de nuevo

Contesta en tu diario esta pregunta: "¿Qué pensamiento hará que me sienta bien ahora?". Pide entonces al Universo que te guíe hacia ese pensamiento. Recita o escribe en tu diario esta oración: *Gracias, Universo, por guiar mis pensamientos hacia emociones que hacen que me sienta bien.*

Cuando practiques este paso, recuerda que persigues una agradable sensación inmediata. No es preciso que des con la solución definitiva. Así, por ejemplo, si tienes problemas económicos, es probable que el pensamiento "¡Habré pagado todas mis deudas en una semana!" te produzca *más* desalineación, porque no creerás en él. Elige una idea posible y realista. Para que este paso sea fructífero, debes creer en la factibilidad de tu próximo pensamiento agradable. Si dudas de ella, tu energía no respaldará tu oración. (Ten en mente que el Universo siempre escucha tus oraciones, pero también tu energía debe apoyarlas, a fin de que escuches la orientación que el Universo te dará.)

Examinemos juntos cómo aplicar los tres pasos del método "Elige de nuevo": piensa en alguien que padece escasez e incertidumbre económica. Comprensiblemente, las ideas dominantes de esta persona giran en torno a sus deudas y al gran temor de que no sea capaz de pagarlas. Esas ideas aprensivas le obsesionan porque la voz del miedo que oye en su interior (también conocida como ego) la ha convencido de que entre más piense en eso, mejor controlará sus circunstancias. Justo en esta etapa debe darse el paso inicial de percibir los pensamientos negativos. Desde luego que es normal que creamos que obsesionarnos con un problema nos dará la solución, cuando en realidad tiene el efecto opuesto: entre más te inclines mentalmente al temor y la escasez, menos permitirás que las soluciones lleguen a tu conciencia. Concedemos energía al objeto en que fijamos nuestra atención. Esta energía influye en nuestro estado emocional, el cual es nuestro punto de atracción. Pensar con miedo nos desalinea de la energía positiva. Cuando estamos fuera de alineación con la energía positiva, nos desconectamos del apoyo del Universo. Éste es capaz de suministrarnos siempre soluciones creativas para obtener ingresos, nuevas maneras de administrar nuestros bienes y otras ideas originales que la mente lógica no halla cuando se funda en el temor. Pero para oír esas respuestas debemos ser receptivos.

La salida de este ciclo negativo se logra con el paso 2, perdonar los pensamientos desalineados. Este perdón permite que soltemos el pasado y aceptemos que el presente nos da la oportunidad de la gracia. Incluso un breve momento de toma de conciencia de nuestro presente es suficiente para que redirijamos nuestra energía y adquiramos el impulso positivo con el cual elegir un pensamiento mejor. Para transitar al paso 3, debemos preguntarnos: "¿Qué pensamiento hará que me sienta mejor ahora?". En nuestro ejemplo, una buena respuesta sería una afirmación como "Estoy abierto a las posibilidades creativas de la abundancia". Esta afirmación es al mismo tiempo una oración. Si la recitamos en silencio o en voz alta, haremos saber resueltamente al Universo que estamos listos para elegir otra vez. En el instante mismo en que elegimos un pensamiento amoroso, nuestras emociones cambian y nuestra energía se modifica. En esto consiste realinearse con el Universo.

El método "Elige de nuevo" parece demasiado simple al principio. Quizá te preguntes si de verdad te será tan fácil abandonar pensamientos negativos que te han asediado durante años. Pero te aseguro que tomar la decisión de pensar de otro modo no es difícil. No importa si los pensamientos negativos te han acompañado dos semanas o veinte años. La simple decisión de sentirte mejor bastará para que te encamines a lo que deseas. Así pues, sigue esos tres pasos para redirigir tu energía e impedir la negatividad.

Este método es tan sencillo que podrías subestimar su valor. Permíteme que sea explícita: no hay que perder tiempo en nuestro drama. El compromiso de seguir una senda espiritual significa que estamos listos para abrir rápido los ojos. Sentirnos bien debe ser nuestra prioridad más importante, así que tenemos que hacer todo lo que sea necesario para convertirnos en imanes. Nuestro compromiso con la alineación nos ayudará a ser sensatos en estos tiempos. Vivas donde vivas, no puedes escapar de la energía negativa de las noticias, el ambiente político y el divisionismo. Y aun si, por rehuir o evadir, fueras capaz de ignorar el mundo que te rodea, lo harías a expensas de un bien mayor. Privarías al mundo de tu energía positiva, lo que te afectaría no sólo a ti sino también a todas las personas con las que tratas.

Vivo en un poblado rural con apenas un centenar de habitantes. Incluso en medio de la paz y el silencio del campo, no soy inmune a la energía negativa del mundo. Me basta con poner el noticiero en la televisión o desplazarme en las redes sociales para que me asalte una vibración baja. Pero en lugar de dejarme arrastrar por eso, lo veo como una oportunidad de practicar el método "Elige de nuevo" y reforzar mi conexión con el Universo. Cuando tomamos conciencia de cómo nos afectan las vibraciones negativas externas, seguir los tres pasos de este método nos servirá para hacer un viraje rápido. La única forma de recuperar una alineación amorosa es saber de qué modo nos desviamos. En este libro te alentaré a volver a menudo al método "Elige de nuevo" para que atestigües tu desalineación y regreses pronto al amor.

Es importante que entiendas que este método no se concibió para que rehúyas tus problemas. Su finalidad es que atraigas soluciones. Recuerda que el próximo pensamiento agradable podría no ser la solución definitiva, sin embargo hará que te sientas mejor. Cada emoción que te procura una sensación agradable te orienta a las soluciones que buscas y a la jubilosa verdad de lo que eres. Usa esta práctica para guiar afablemente tu energía a la realineación con el Universo y entroncar con su orientación y sanación. Si haces de este método un hábito, cada vez te sentirás mejor. Y cuanto mejor te sientas, más fácilmente atraerás las sensaciones y experiencias que quieres.

Cada capítulo de este libro te aportará métodos para que afiances tu conexión con el Universo, dirijas tus deseos y seas un imán. Antes de que prosigas con el resto de las lecciones, te recomiendo que las inicies con este método. Cada uno de sus pasos es crucial para tu alineación y contiene una promesa. Repasémoslos:

En el paso 1 adviertes tu desalineación. Es imposible que dejes un mal hábito sin antes admitir que lo tienes. Toda práctica espiritual empieza con la conciencia, así que date cuenta de tu desalineación y agradece a tus pensamientos y sentimientos que te hayan revelado lo que no deseas y te guíen hacia lo que quieres.

El paso 2 consiste en que perdones tu desalineación. Si no lo haces, te aferrarás al ayer y permanecerás estancado en un patrón negativo por más que te empeñes en virar. Perdónate y perdona tus pensamientos y todo lo demás que te haya traído a este punto. Acepta que hasta tus experiencias más difíciles te han dado la oportunidad de crecer cuando así lo has decidido. Podemos ser víctimas del mundo o ver nuestras experiencias amargas como un catalizador del cambio.

Por último, elige de nuevo. Un agradable pensamiento te pondrá en un estado de vibración distinto. Este nuevo pensamiento es una oración con la que le envías al Universo el mensaje de que quieres sentirte mejor. En esta nueva vibración, el Universo responde y te conduce a la siguiente acción correcta. Ésta podría manifestarse como un pensamiento satisfactorio, una idea novedosa o el deseo de poner fin a un patrón nocivo. Cuando, en octubre de 2005, yo decidí abandonar mi adicción y mantenerme sobria, el Universo me impulsó a llamar de inmediato a una amiga para que me llevara a una reunión de recuperación. Tan pronto como pedí ayuda, el Universo cumplió.

Recuerda que no escucharemos la orientación intuitiva del Universo si no estamos dispuestos a pedir ayuda. Para recibir orientación espiritual es indispensable que sintonicemos con la energía del Universo. Imagina que te quejas de tu trabajo con un amigo. Él intenta aconsejarte, pero tu negatividad y temor impiden que lo oigas. Te resistes a su orientación porque estás demasiado concentrado en lo que no marcha bien. Al final, cuando las cosas se complican y ya no eres capaz de manejarlas, te derrumbas. Le pides ayuda a tu amigo. Él responde con una instrucción, compasión y orientación muy claras y tú le dices: "¡Eso es justo lo que necesitaba oír!". Él replica: "Es lo mismo que te he dicho desde el principio". Su orientación fue igual; la única diferencia es que decidiste escucharla.

Lo mismo ocurre en tu relación con el Universo. Éste concibe ideas sin cesar sobre cómo apoyarte, guiarte y dirigirte compasivamente a un bien mayor. Cuando te concentras en el caos y el miedo o tratas de controlarlo todo, rechazas ese apoyo y orientación. Pero en el instante en que cedes, el Universo te levanta del suelo y te muestra el camino.

No es preciso que aguardes a sentirte desesperado para ceder. Nada te obliga a que continúes en una espiral descendente hasta que toques fondo. Convierte en un hábito la práctica de elegir de nuevo (y optar por el amor). Ceder debe ser tu primer acto, no tu último recurso. El método "Elige de nuevo" es tu vía a una comunicación más clara con el Universo.

Mi intención es que estés en permanente contacto con él. A mí me ha sido fácil recibir la orientación universal en ciertas áreas de mi vida, mientras que en otras he opuesto resistencia. Las áreas en las que me he resistido son aquellas en las que mis pensamientos dominantes siguen alineados con el miedo. Aunque me he involucrado intensamente en la terapia, la recuperación de la sobriedad, la curación de traumas y otras prácticas para reorganizar esas creencias dominantes, nada me ha resultado más provechoso que someterlas al Universo en busca de ayuda. Tan pronto como permito que él reemplace por nuevas percepciones mis creencias fundadas en el miedo, sucede un milagro. Nuestra mente analítica se resiste a esta simplicidad. Nos gusta pensar que la alteración de nuestras creencias implicará varias décadas de recuperación, pero Abraham-Hicks sostiene: "Una creencia es nada más una idea en la que no dejas de pensar". Cuando eliges un nuevo pensamiento, ocurre un cambio.

Mi intención es que elijas de nuevo —pronto— y sigas la orientación universal, que está siempre a tu alcance. Cuando eliges de nuevo obtienes determinación, aunque quizá debas sanar más; la solución podría estar muy lejos todavía. Pero a pesar de que el problema no se resuelva por completo, confía en que serás guiado en la dirección correcta. Confía en que cuando permites que el Universo te conduzca, recibes una Dirección Ordenada y Solícita (la fuerza universal del amor, también conocida como D-I-O-S); recibes ideas intuitivas acerca de adónde ir y qué decir, y salvas cada obstáculo con más facilidad.

Cuando elegimos de nuevo, le dirigimos al Universo una oración con la que le hacemos saber que estamos listos para sentirnos bien. Cuando recuperé la sobriedad, mi mentora me recomendó que me pusiera de rodillas y le pidiese a Dios que me socorriera para ser prudente. Me dijo que cuando sintiera la tentación de recaer, no me creyera capaz de evitarla al punto de poner en blanco mis nudillos. Sugirió que, en cambio, entregara mi adicción a un poder superior capaz de guiarme. En ese entonces yo no tenía una relación muy íntima con Dios o con el Universo. Me identificaba como una persona espiritual, pero no sabía qué significaba para mí el concepto de un poder superior. Pese a ello, seguí esa instrucción. Mi mentora me dijo: "Finge que crees y serás guiada". Así, todos los días me arrodillaba a orar. Mi petición era en ese tiempo que permaneciera sobria. Cada vez que me sentía tentada a tomar una copa o consumir una droga, me ponía de rodillas y oraba. En fiestas y citas de pareja, me excusaba e iba al baño a orar y centrarme. La oración pasó a ser mi respuesta inmediata a cualquier zozobra o tirón adictivo interno. Se volvió un hábito. Hasta la fecha, mi desalineación de la paz es señal de que me he apoyado en mi fuerza, no en la de un poder superior. En momentos así sigo el método "Elige de nuevo": percibo el pensamiento, lo perdono y opto otra vez.

Orar no consiste necesariamente en que te arrodilles junto a tu cama y hables con Dios. Una oración puede adoptar la forma de un mero pensamiento de abandono, cuando decides que tu voluntad no da para más e invitas a un poder superior a que te conduzca. En cuanto decides pensar mejor, te realineas con un poder superior. Llámalo Universo, ángeles, espíritu, guía interior, Dios o como quieras; lo que importa es que lo invoques. Los métodos de este libro están respaldados por oraciones. Fueron ideados para que ofrezcas a un poder superior tus agravios y miedos. Si practicas con sinceridad cada uno de los métodos de este texto, fortalecerás tu fe en la energía universal del amor. Con tu fe, te sentirás seguro y a salvo, pase lo que pase. Aplica estos métodos para realinearte con el Universo y disolver sensaciones de división y duda. El doctor Wayne Dyer, mentor y amigo mío ya desaparecido, decía: "Cuando expulses el concepto de división de tu conducta y pensamientos, te sentirás unido a todo y a todos". Esta unidad es tu poder como imán.

Haz a un lado los obstáculos que impiden esa unión. Cada práctica de este libro hará que te abras de manera *gradual* a la energía, que está siempre a tu alcance. Gradual es la palabra clave. No es de suponer que pases pronto de la escasez a la abundancia o de la enfermedad a la salud; deberás seguir esos pasos para que la alteración de tus percepciones, pensamientos y energía sea gradual. Este efecto progresivo te procurará un cambio duradero. Cuando modifiques tu opinión acerca de tus experiencias, éstas cambiarán. Esta sutil pero muy poderosa transformación se presenta cuando haces un viraje de la oscuridad a la luz.

No te compliques la existencia, sigue mis pautas ¡y permite que las emociones que hacen que te sientas bien te realineen afablemente con tu verdadera naturaleza!

Cada método de esta obra te ayudará a realinearte. Mi esperanza es que una vez que los aprendas, los uses de modo indistinto y los integres a tu rutina diaria. Cuanto más los apliques, más rápido se manifestarán con naturalidad en ti. Necesitamos prácticas que nos hagan sentir bien para que convirtamos en hábito el que nos sintamos bien. Hemos destinado más fe y energía a nuestra negatividad mental; es hora de que redirijamos nuestra atención. La práctica de estos métodos permitirá que pases velozmente del temor a la alegría y que te realinees con tu naturaleza como imán. ¡Diviértete con estas herramientas y úsalas tanto como puedas!

Ninguna forma de aplicar estos métodos es correcta o incorrecta. ¡La clave es que te diviertan! No permitas que tu práctica espiritual se vuelva una obligación. Haz de ella un medio para detener el drama del mundo y tu confusión interior. Yo simplifiqué los métodos para que te fuera más sencillo aplicarlos cualquiera que haya sido tu experiencia de vida. Estas herramientas te catapultarán de vuelta a tu gozosa naturaleza verdadera. La alineación con el Universo debe ser una decisión consciente que tomemos todo el día.

COMIENZA TU DÍA EN ALINEACIÓN

Cuando abrimos los ojos cada mañana, podemos seguir una de dos direcciones: alinearnos con el Universo a través de la práctica espiritual, la meditación, la oración, la afirmación o el ejercicio... o tomar el teléfono, poner las noticias en la televisión, beber una taza de café y empezar con las prisas.

Cuando elegimos esta segunda opción, el día comienza con vibraciones negativas y aturdimiento. Así pues, es imperativo que cambiemos nuestros hábitos matutinos. El despertar es un periodo sagrado que debemos aquilatar. En él decidimos cómo queremos que marche el resto del día. Un simple cambio de conducta redirigirá tu día entero.

¡Prepárate para triunfar e inicia tu día con una práctica que te alinee en cuanto despiertes! Yo he descubierto que ése es el momento óptimo para que alinees tu energía con el amor. Mientras duermes te sumerges en una energía que no opone resistencia. Abraham-Hicks enseña que, cuando dormimos, nos libramos de pensamientos negativos. Esto quiere decir que para el momento en que despertamos hemos hecho borrón y cuenta nueva y tenemos la oportunidad de desprendernos de la negatividad del día anterior y volver a empezar. Por eso los primeros instantes de la mañana son tan valiosos. Nos ofrecen la posibilidad de aprovechar nuestro estado de no resistencia y emprender el día con una actitud fresca. Adopta una práctica matutina para que inicies alineado tu jornada y conserves a lo largo de ella emociones que te hagan sentir bien.

Yo he acumulado varias prácticas espirituales para cuando despierto. Creé la Spirit Junkie App, que está lista con una afirmación positiva para empezar el día (encontrarás esta app en GabbyBernstein.com/SuperAttractor). Después pongo mi teléfono en modo avión y medito. Sin embargo, una práctica matutina particular que me ha cambiado la vida es que tan pronto como salgo de la cama y me lavo los dientes, ¡recito mantras positivos! Estos mantras me devuelven el amor del Universo, la aceptación de mí misma y el perdón por cualquier desalineación del día anterior. Afirmo cómo deseo sentirme, quién quiero ser y cómo me presentaré en el mundo. Afirmo mi amor y compasión por mí misma. Afirmo mi disposición a sentirme bien. Esta práctica ha sido una gracia salvadora para mí. Me pone al instante en alineación espiritual, física y emocional. La afirmación de la positividad me ayuda a aprovechar mi conexión con el Universo y a mantener ese impulso positivo todo el día.

En cuanto despiertes, recita en silencio o en voz alta los mantras siguientes, o descarga audios de mantras con música inspiradora en GabbyBernstein.com/SuperAttractor. Ésta debería ser tu primera actividad matutina, e incluso repítela durante el día. Te sientas como te sientas cada mañana, estas afirmaciones te alinearán. Te servirán de apoyo aun si no crees en ellas. Dilas en voz alta para que la fuerza de tus intenciones te realinee. Yo he hecho de esta práctica una rutina diaria; espero que te brinde tanta alegría como a mí.

TUS MANTRAS MATUTINOS

Mi cuerpo está descansado y mi mente clara.
Comienzo mi día con energía y pensamientos positivos.
Estoy relajado, sin resistencias y con claridad.
Mi día marchará tranquila y venturosamente.
Los demás me apoyarán a lo largo de este día.
El Universo apoyará hoy mis deseos.

Estoy abierto a recibir la grandeza.
Me siento vigorizado e inspirado.
Un sinnúmero de posibilidades creativas están a mi alcance.
Nada me detiene.
Actúo con fe y claridad.
Me siento bien, sano y lleno de vida.
Hoy será un gran día.
Me divertiré el día de hoy.
Transmitiré gozo a los demás.
Llevaré la luz conmigo dondequiera que vaya.
Soy una influencia positiva en el mundo.
Todo está bien.

Si repites o escuchas estos mantras, sentirás en el acto una energía inmensa y una vibración positiva. Te invito a que integres esta práctica a tu rutina diaria. Te librará de bloqueos mentales, vencerá tus resistencias y te preparará para un día milagroso. Es suficiente con que dediques cinco minutos a estas afirmaciones para que alteres la dirección de tu existencia.

Si tienes hijos, ¡incúlcales esta práctica! Imagina el enorme empoderamiento que sentiría un niño si iniciara cada día con positividad. No hay mejor práctica que ésta para que tus hijos se sientan de maravilla.

La aplicación del método "Elige de nuevo" y de los mantras matutinos te hará sentir mejor. Pero en cuanto sea así, es posible que aparezca algo furtivo. Tu ego (la voz del temor dentro de ti) se resistirá a que te sientas bien. La voz del ego ha sido por tanto tiempo tu diálogo interior dominante que es probable que ya haya construido una fortificación en tu subconsciente. Pero eso está bien, ¡porque la llamaremos a cuentas en el siguiente capítulo! En el capítulo 2 te asistiré para que tomes conciencia de las formas en que tu ego va a resistirse a que te sientas bien. Te ayudaré a aceptar que es bueno que te sientas bien. Las emociones que producen una sensación positiva son un derecho natural, y en el capítulo a continuación aprenderás a anhelar sentirte bien sin remordimientos. No le tengas miedo a tu ego, porque tu compromiso con el amor es más fuerte que tu temor. Además, yo te apoyaré en cada paso.

Capítulo 2

Está bien que te sientas bien

De todos los obstáculos contra nuestro poder como imanes, el mayor es la resistencia a sentirnos bien. ¿No me crees? Pregúntate: ¿has acabado por depender del miedo para que te proteja de sufrimientos o desilusiones? Es tan fácil que asumas esta manera de pensar que ni siquiera estés consciente de ella. El miedo puede parecer un modo natural de protección para mantener el control. Todos nos sentimos más a gusto en un estado de temor que de gozo y fe. Quizá pienses: "¡Un momento! No vivo angustiado todo el tiempo. ¿Cómo es posible entonces que dependa del temor?". La respuesta es que el miedo adopta muchas formas, y diversas emociones que sin duda conoces —como la ansiedad, estar a la defensiva, la crítica y el impulso a controlar— se originan en él. Concibe el temor como lo contrario al amor. Cuando te apoyas en él, como hacemos la mayoría de nosotros, te desconectas del libre flujo del amor en el Universo.

La triste verdad es que muchos de nosotros somos adictos al miedo. Estamos tan acostumbrados a las proyecciones aprensivas del mundo que no confiamos en que las cosas sean buenas. Creemos inconscientemente que si nos concentramos en lo bueno, perderemos el control de nuestro entorno, nos sentiremos inseguros o nos expondremos a una decepción. El ego nos ha convencido de que lo "bueno" es limitado y de que la suerte se nos agotará al final. Sospechamos que todo es demasiado bueno para ser verdad. La sociedad nos ha persuadido de que para tener algo que valga la pena, debemos sufrir, mostrar una perseverancia heroica y sacrificarnos. Así, somos adictos al sufrimiento, ¡mentalidad que aumenta más todavía nuestras dificultades! Cuando creemos que debemos padecer, le decimos al Universo que eso es lo que deseamos. Recuerda el mensaje del capítulo 1: el Universo siempre cumple. Si creemos en el sufrimiento, sufriremos.

Lo que estoy a punto de decir podría asombrarte. Lee la frase siguiente tantas veces como sea necesario para que la asimiles:

Si de verdad queremos ser un imán poderoso, debemos aceptar que lo bueno ocurre fácilmente.

¡Esto es lo opuesto a lo que te han enseñado siempre! Lo que pasa es que entendemos todo al revés. A lo largo de toda nuestra vida nos hemos aferrado a sistemas de creencias fundadas en el temor para que nos sintamos a salvo. Creemos en pensamientos como "Debo trabajar con increíble tesón si deseo triunfar", "Ya no tengo edad para ser madre" o "Soy pésimo en las relaciones". ¿Ves cómo todos estos pensamientos se basan en una energía de resistencia? Nuestra renuencia a sentirnos bien es lo que obstaculiza lo bueno que queremos atraer. Tan pronto como abandonamos esa resistencia y nos damos permiso de sentirnos bien, todo lo que deseamos llega a nosotros en forma natural. Cuando nos sentimos bien, atraemos soluciones, no problemas. Cuando nos sentimos bien, la vida fluye con naturalidad.

Sé que es difícil comprenderlo. Muchos estudiantes de prácticas espirituales (yo incluida) creen en este concepto pero tienen dificultades para aplicarlo. El temor se ha afianzado en nosotros. Nos resistimos tanto a sentirnos bien que damos por un hecho que nuestra existencia será complicada.

A manera de ejemplo, he aquí cómo se presentó el temor en los inicios de mi carrera. En la primera década de mi actividad como maestra espiritual, experimenté mucha fe y alegría, bajo las cuales, sin embargo, había un permanente trasfondo de miedo. Temía que si no trabajaba con todas mis fuerzas, mi carrera fracasaría. Este sistema de creencias provenía de mi infancia. Desde niña adopté el argumento de que "Si no lo hago yo, nadie más lo hará". Creía que para conseguir lo que quería, tenía que esforzarme mucho y trabajar en exceso. Mi carrera prosperó porque la fe y la alegría eran más fuertes que mi temor, pero aunque me divertía y tenía éxito, sentía que conseguirlo debía ser difícil, o de lo contrario no lo alcanzaría jamás. Por más inspirada que me sintiera o mucho que lograra, *siempre* sentía que debía sufrir y había más que hacer. La creencia de que "Si no lo hago yo, nadie lo hará" obstruía mi poder como imán. Y aunque el Universo me brindaba numerosos éxitos y oportunidades, nada de esto se presentaba sin dificultad. En el fondo sabía que las cosas no tenían que ser así, pero durante mucho tiempo no estuve preparada para cambiar.

No fue hasta 2016 que toqué fondo en mi adicción al trabajo. Mi esfuerzo y estrés me vencieron finalmente. Mi creencia de que debía hacerlo todo yo misma me creó un mundo en el que me sentía poco apoyada, temerosa y sola. Mi cuerpo se debilitaba, apenas mantenía en pie mi negocio y mis relaciones sufrían las consecuencias, de tal forma que toqué fondo. Una experiencia como ésta suele ser un momento de rendición, y así lo fue para mí. En ese estado de claudicación, dije en voz alta: "Las cosas deberían ser de otro modo". Era imposible que siguiese oponiéndome a la ayuda de los demás, y menos aún al apoyo del Universo. Una vez que toqué fondo, recibí un don. Me di cuenta al fin de que sentirme bien me aterraba. De que sentirse bien equivalía para mí a perder el control del entorno. Lo peor era que temía rendirme al poder superior del Universo. Creía que debía valerme por mí misma y sufrir para tener éxito. Y aunque este sistema de creencias estaba muy arraigado en mi psique, el Universo me ofreció una solución espiritual.

En cuanto me puse de rodillas y me abandoné al Universo, recibí una instrucción muy clara. Tan pronto como estuve dispuesta a dejar de creer en que nadie me apoyaba, ¡el apoyo llegó! Apareció primero como una intuición. Cuando nos realineamos con el Universo, recibimos una instrucción amorosa bajo la forma de una certeza interna. Ésta llega a veces como un golpe de inspiración o una descarga de información. Escuché una instrucción intuitiva muy clara. Una mañana en que escribía mi diario, mi mano se movió más rápido que de costumbre. Mi letra era otra y las palabras en la página asumieron un tono distinto. Supe que recibía indicaciones de una presencia universal. Éstas fueron las palabras que escribí: *Presta atención a las situaciones en las que te sientes apoyada. Experimenta cada vez más esas sensaciones de apoyo*.

Esta orientación espiritual me motivó tanto que la puse en práctica al instante. Me pregunté: "¿En qué situación me siento apoyada?". Pensé de inmediato en Anette, mi organizadora de eventos. La única área de mi carrera en la que siempre había permitido que alguien me asistiera era en la preparación de eventos. Anette ya había colaborado para entonces durante varios años en la planeación de mis giras de presentaciones de libros y otros acontecimientos importantes. ¡Es un motor imparable! Responsable y segura de sí misma, su energía se impone de tal forma que no tienes otra opción que aceptar su apoyo. Por más que yo intentara controlar las cosas, ella siempre me recordaba que debía hacerme a un lado y confiarle todo. Cuando trabajábamos juntas, yo tenía fe en que todo había sido previsto. Me sentía muy apoyada y tranquila. Sabía que ella me respaldaba.

Luego puse en acción esa sensación de apoyo. Después de que escribí eso en mi diario y recibí aquel toque de intuición, dediqué varios minutos a pensar en que quería mucho a Anette y ella hacía que me sintiera muy apoyada. Escribí entonces en mi diario: "Cuando trabajo con Anette, me siento auxiliada y protegida". *Fue maravilloso reconocerlo.* ¡Esta afirmación expresaba exactamente cómo quería sentirme! Y el deseo de sentirme bien me hizo sentir muy bien. La indicación universal que había recibido en mi diario era justo lo que yo necesitaba para redirigir mi energía y realinearme con el apoyo del Universo.

Durante varios meses repetí esta frase: "Me siento auxiliada y protegida". La decía mientras conducía mi automóvil, al mismo tiempo que cocinaba, antes de acostarme y al despertar. Se convirtió en mi mantra. En momentos en los que me sentía impulsada a dominar algo —desde un gran proyecto hasta una tarea menor— y a hacerlo todo, recurría a este mantra.

Además de repetirlo todo el día, dedicaba mi práctica de meditación silenciosa a la sensación de trabajar con Anette. Me veía tras bastidores, y que me sentía muy relajada al saber que ella se había hecho cargo de todo. Me miraba en el estrado, desde donde veía que todos los asistentes estaban cómodamente instalados en sus asientos, y sabía que todo estaba resuelto, desde los elementos básicos hasta los menores detalles. En los meses siguientes dediqué numerosas horas de meditación a experimentar esa sensación y recrear la experiencia del apoyo de Anette. Invertí energía, visiones y entusiasmo en esa sensación. Me deleité en ella. ¡Me entregué a sentirme bien!

Meses después advertí cambios drásticos en mis actividades. Sin darme cuenta, había atraído la ayuda de dos nuevas personas. Por fin permitía que mi esposo asumiera su papel, y delegaba responsabilidades a diestra y siniestra. En cuestión de unos meses me había hecho a un lado y permitido que otros intervinieran. ¡Fue un milagro! Sentirme bien me guio hacia lo que en verdad deseaba. Al fin podría dedicar mi tiempo a ser una maestra espiritual empoderadora y, sobre todo, a abandonar el temor de que no contaba con apoyo y la creencia de que debía hacerlo todo yo misma.

LA CLAVE PARA QUE TE SIENTAS BIEN ES QUE DECIDAS DEJAR DE SENTIRTE MAL

Para que te sientas bien, debes tomar la decisión de dejar de sentirte mal. Así de sencillo y profundo. No existe otro medio. Durante demasiado tiempo nos hemos resistido a esa decisión porque estamos siempre a la espera de que nuestras circunstancias nos den una razón para que nos sintamos bien. De hecho, muchos de nosotros ni siquiera nos percatamos de que hemos decidido sentirnos mal. Pensamos cosas como "Me sentiré bien cuando mi salud mejore" o "Cuando tenga dinero en el banco". Así, ponemos primero el resultado y después la sensación, ¡justo al contrario de como debería ser! Pensamos que tenemos que vivir con miedo para conseguir lo que deseamos, lo que entonces permitirá que nos sintamos bien. Pero la verdad es que una vez que te sientes bien, ¡atraes con facilidad lo que deseas! Cuando hacemos de sentirnos bien una prioridad, todo lo demás fluye por sí solo.

Muchas personas se apegan a la restrictiva creencia de que no merecen sentirse bien y tener lo que quieren. Sufrir se vuelve un hábito y el gozo es impensable. Te pido que veas las cosas de una forma completamente distinta. Si crees que no mereces sentirte bien, estás desalineado de la verdad de lo que eres. La amorosa energía del Universo, la magnificencia de Dios, la serenidad del espíritu están dentro de todos nosotros. Nada fuera de nosotros puede librarnos de la sensación de que somos indignos. Cuando aceptamos que encarnamos el poder del amor, podemos realinearnos con la creencia de que merecemos sentirnos bien. Sentirse bien es sentir a Dios. Por esto último entiendo que cuando nos sentimos bien, recordamos al Dios que todos llevamos dentro. Aceptar nuestra grandeza es la clave para que seamos imanes. Permite que estos métodos reafirmen la certeza de que eres bueno y de que cuando encarnas esta verdad, cosas buenas te ocurren naturalmente.

¡Sentirse bien es bueno por sí mismo! Aprendí esto de Deepak Chopra en un evento que dirigí con Eckhart Tolle y él en 2016. En medio de mis deberes, escuchaba los comentarios de ambos sobre sus creencias espirituales. En determinado momento Deepak dijo que cuando eres feliz por una *razón* particular, sigues siendo desdichado, porque esa razón se te podría arrebatar el día de mañana. Estas palabras me recordaron que cuando nos concentramos en lo que creemos necesitar, debilitamos nuestra fe en el Universo.

¡Tomar la decisión de sentirte bien es más fácil de lo que piensas! El Universo ha esperado con paciencia esa decisión, la cual es especialmente necesaria en tus peores momentos. Él nos guía pese a nuestra resistencia. Tan pronto como dejamos de resistirnos, recibimos apoyo y amor a manos llenas. Es importante que aceptemos esto. No se trata de un ejercicio de "Finge que lo crees hasta que lo creas". *El Universo quiere que te sientas bien, así como guiarte hacia lo que deseas y necesitas.*

Recuerda que eres uno con la energía universal del amor y que sentirte bien es un derecho natural.

¡No lo creas sólo porque lo digo yo! Te ayudaré a ver el Universo en acción. Piensa en cualquier área de tu vida en la que tengas dificultades y desees sentirte mejor. Llena el espacio en blanco de la frase siguiente:

Reconozco que estoy desalineado de [menciona a una persona, situación, sistema de creencias, etcétera]. Decido olvidar el resultado y sentirme bien ahora. Gracias, Universo, porque me guías.

Esta afirmación es una oración. En ella le ofreces humildemente al Universo tu temor ¡y reclamas tu derecho a sentirte bien! No tenemos que esperar a que las circunstancias cambien para que nos sintamos bien. Entre más emociones agradables inviertas en tus circunstancias, más rápido obtendrás los resultados que deseas y más rápido te sentirás bien.

EL MÉTODO "PIÉNSALO PARA QUE LO SIENTAS"

El método "Piénsalo para que lo sientas" permite que tomes prestado un momento de felicidad y lo apliques a una situación en la que de otra manera sufrirías. Para empezar, evoca un área de tu vida en la que haya aparecido la emoción que ahora deseas sentir. Podría ser una situación de tu pasado o incluso una imagen de tu personalidad futura. O podrías pensar en un conocido que posea una característica que te gustaría tener.

Te daré un ejemplo. Uno de mis grandes deseos, y un área en la que tengo dificultades a menudo, es relajarme aun si las cosas no marchan de acuerdo con lo planeado. No dispongo de muchas experiencias en las que me he mantenido calmada en medio de una situación que está saliendo mal, así que se me dificulta recordar esa sensación. Pero cuando pienso en cómo querría sentirme, lo primero que me viene a la mente es mi amiga Elisa. Ella mantiene una actitud tranquila y relajada aun en las circunstancias más caóticas. Me imagino que dice: "Después de todo, las cosas no salieron tan mal". Echa mano de esa certidumbre pase lo que pase a su alrededor. Esto me encanta y me gustaría ser igual que ella. Así, aunque todavía no encuentro en mí esa cualidad, sé en qué consiste y lo que se siente tratar con alguien que la posee. Elisa representa una actitud que puedo invocar creativamente como una sensación anhelada.

¡Lo más importante de este método es que las circunstancias en las que pienses *te hagan sentir bien*! Si pensar en tu primer novio hace que sientas el romanticismo que quisieras experimentar hoy, ¡piensa en él y siente eso! Si recordar un momento en el que tu trabajo te agradó hace que te sientas seguro y feliz, ¡piensa en ese momento y siente esto! El recuerdo de buenos momentos o experiencias es inofensivo. Es bueno mirar a los otros para que nos reflejen lo que queremos ser. No nos comparamos con ellos; buscamos una emoción agradable en una situación en la que se nos dificulta sentirnos bien. Es común que pensemos que jamás tendremos de nuevo algo que ya tuvimos. Quizá tememos evocar esas buenas sensaciones por miedo a anhelar algo que ya fue. De igual modo, no pensamos mucho en la abundancia y felicidad de los demás. Creemos que no hay suficiente para todos y que el éxito de alguien es indicación de nuestro fracaso. Lo cierto es justo lo contrario. Todas esas experiencias reflejan una parte de lo que somos. Revelan nuestro deseo de sentirnos bien. Y toda manifestación comienza con el deseo.

AFIRMA CÓMO QUIERES SENTIRTE

Ahora que tienes una idea más clara de cómo deseas sentirte, ¡estás listo para ponerla en acción!

Afirma en tu diario cómo quieres sentirte. Recuerda mi afirmación: "Me siento auxiliada y protegida". Estas palabras me hacían sentir muy bien. Tu afirmación debe tener el mismo efecto. ¡No te disculpes por querer sentirte bien y afírmalo ahora!

Escribe tu afirmación en tu diario.

Evaluemos ahora cómo te hace sentir tu afirmación. Califícala en una escala del 0 al 10 (donde 10 es "Hace que me sienta muy bien"). Si le das una calificación menor de 7, te recomiendo que la simplifiques. Debes creer que surtirá efecto. Por ejemplo, si tienes problemas con tu imagen corporal y tu afirmación es "Mi cuerpo me agrada mucho", habrá una incongruencia. Tu energía está tan fija en el desagrado (o incluso odio) por tu cuerpo que es difícil que alcances el amor corporal. Afirma, en cambio, algo en lo que crees, como "Respeto mi cuerpo" o "Estoy dispuesto a que mi cuerpo me agrade". La clave es que creas en la afirmación aun si no ha cobrado forma todavía. Yo creía en la mía pese a que sólo la veía reflejada en Anette. Esas palabras me producían una sensación agradable, lo que me indicó que podía usarlas para cocrear proactivamente una realidad nueva.

Si asignaste una calificación menor de 7 en la escala 0-10, reescribe en tu diario tu afirmación de tal forma que creas en ella y te haga sentir de maravilla.

Una vez que verifiques tu afirmación, es momento de que la uses. Conviértela en la alarma o pantalla de bloqueo de tu teléfono. Escríbela en una nota adhesiva y pégala en tu computadora, refrigerador, espejo o tablero del auto. Recítala en la mañana, a mediodía y en la noche. Siempre que empieces a ceder ante pensamientos negativos, repite varias veces tu afirmación para que reemplace ese impulso de baja vibración. ¡Este acto es muy eficaz! Tu afirmación detendrá el impulso negativo de tu mente y permitirá que te alinees rápido con la manera en que quieres sentirte.

Igual que los demás métodos de este libro, el de "Piénsalo para que lo sientas" fue ideado para que aumentes tu vibración. Comprométete con tu afirmación y tómala en serio. Recurre a ella con regularidad. Si tiendes a olvidarla o cedes con facilidad frente a antiguos patrones, sigue mis sugerencias anteriores y refuérzala con alarmas telefónicas, notas adhesivas y otros recordatorios visibles. Haz de ella un hábito y pronto verás que es muy eficaz.

SIENTE LO QUE TIENES QUE SENTIR

¡El paso siguiente de asumir la energía de cómo quieres sentirte es que disfrutes sentirte bien! Dedica diez minutos diarios a meditar en que experimentas las sensaciones de tu afirmación. Si nunca antes has meditado, ¡no te preocupes! Esta práctica es muy sencilla incluso para principiantes. Lo único que necesitas es un lugar cómodo y tranquilo donde puedas tomar asiento. Relájate y siéntate derecho pero sin forzarte. Esta práctica de meditación comienza con un ejercicio en tu diario, así que tenlo a la mano.

Una vez que te sientes cómodamente, abre tu diario y escribe al inicio de una página la nueva afirmación que te produzca una sensación agradable. Después escribe durante varios minutos cómo te hace sentir ese deseo. Considera sólo sus aspectos, ideas y visiones positivos. Si te viene a la mente cualquier otro pensamiento o idea, busca rápido una sensación agradable y escríbela. Guíate proactivamente hacia una visión positiva de tu deseo. Al terminar, lee lo que escribiste. Deja que tus palabras te inspiren y despierten en ti emociones agradables.

Medita entonces en esos sentimientos positivos. Cierra los ojos e inspira las sensaciones de alta vibración que cultivaste en el ejercicio en tu diario. Respira hondo. Con cada inhalación, experimenta más profundamente la sensación positiva.

Permanece así todo el tiempo que quieras mientras las emociones agradables se apoderan de tu psique. Si tienes un pensamiento negativo, reemplázalo afablemente por tu afirmación.

Si se te dificulta visualizarte con los sentimientos que deseas, siéntate durante diez minutos y repite en silencio tu afirmación, para que tu afirmación positiva reemplace los pensamientos negativos. Si quieres que te apoye en esta práctica contemplativa, visita GabbyBernstein.com/SuperAttractor y descarga mi meditación guiada y musicalizada.

Esta meditación es un ejercicio para que asumas la energía de cómo quieres sentirte. ¡Recuerda que el Universo responde a tu energía! Ser un imán exige que nos alineemos con la energía de lo que deseamos atraer. Este paso es crucial en el proceso de la alineación. Cuando eres feliz sin ninguna razón particular, ¡te vuelves un imán de lo que deseas! Cuando relajas tu control sobre el resultado y te concentras en sentirte bien, las cosas buenas llegan a ti de manera natural. Ya no estás obligado a lograr algo o llegar a alguna parte para que te sientas bien. Simplemente te sientes así y lo permites. Te recomiendo que conviertas esto en una práctica diaria para que mantengas encauzado el impulso de alta vibración hacia lo que ya estás listo para recibir.

PERMITE EL FLUJO DE LA ORIENTACIÓN UNIVERSAL

Tan pronto como repitas tu afirmación y te concentres en sentirte bien, notarás que el Universo te apoya. Puede irrumpir en un instante y reordenar tu perspectiva. En cuanto le cedes tu temor, prevalece el amor. Ahora tu único deber es que permitas que el amor circule. Acógelo con gusto y confía en cada sensación de apoyo y en cada momento de sincronía. Cuanto más abraces el prodigio de la guía universal, más aparecerá en tu vida. Lo que crees, eso percibirás. Decide concentrarte en la guía, intuición y dirección que llegan a ti. Cada vez que afirmo pensamientos y emociones agradables, ¡el Universo redirige mi día en forma positiva! Recibo opciones creativas para problemas que no podría resolver de otro modo. Recibo intuiciones acerca de cómo manejar situaciones que antes me abrumaban. Tengo una sensación de paz y fe. Sentirnos bien nos alinea con el Universo. Esta alineación nos ofrece salud, claridad mental, seguridad en nosotros y menos estrés y ansiedad. Cuando nos sentimos bien, somos lo contrario de resistentes: receptivos.

VOLVER UNA PRÁCTICA EL QUE TE SIENTAS BIEN

A fin de que nos sintamos bien en todo momento, debemos convertirlo en una práctica. Es probable que acostumbres a esperar a que las condiciones externas te dicten cómo sentirte. ¡Todo este libro es un proceso para que desaprendas ese hábito! Te ayudaré a que aprendas a tener acceso a emociones agradables aun cuando las cosas no salgan como las planeaste. Dedica un poco de tiempo cada día a pensar conscientemente en que es necesario que te sientas bien para que esto se convierta a la larga en tu estado habitual.

Además de que repitas tu afirmación y medites en sensaciones agradables, te sugiero que hagas más cosas que te dan felicidad. Cierto: ¡te doy permiso para que transformes el acto de divertirte en tu principal prioridad! Esto no quiere decir que dejes tu empleo y te vayas a vivir a la playa. Piensa, en cambio, en todas las actividades de tu vida diaria que te hacen feliz. Identifica las cosas que te procuran dicha y llévalas a cabo con más frecuencia.

Haz de sentirte bien una prioridad, igual que como lo harías con ejercitarte o convivir con tu familia. Si esto es nuevo para ti o sospechas que en unos días retornarás a tus viejos hábitos, ¡te sugiero que programes esas actividades en tu agenda como si se tratara de una reunión! No es que debas convertir la diversión en una obligación más, sino en una prioridad. Si sabes que requieres cierta estructura para cumplir esa prioridad, ¡está bien! Con el tiempo, se convertirá en un hábito. Recuerda que debes proceder en forma deliberada y tomar conciencia de que te sientes bien. Para ser francos, es común que pongamos todo por encima antes de sentirnos bien. La mayoría no pensamos mucho en esto, o incluso lo juzgamos correcto. (Si en alguna ocasión te has sentido un dechado de rectitud porque estás más ocupado o estresado que tus amigos o compañeros de trabajo, ¡conoces este sentimiento!) Pero he aquí la verdad: cuando ponemos todo por encima de nuestro bienestar, menospreciamos el contacto con nuestro poder como imanes. Todo lo que antepongamos a nuestra conexión espiritual se verá muy afectado. Quizá logres lo que quieres, pero te *costará* mucho trabajo y te sentirás mal en el camino. Esta otra manera de ser es totalmente nueva. Lo primero es que te sientas bien. Todo lo demás se dará naturalmente.

Cuentas ahora con varios métodos para alinearte con emociones agradables:

- Recurre a tu afirmación y piensa de otra forma.
- Medita y modifica tu energía.
- Haz algo que te procure alegría y realinéate con el Universo.

¡Usa estos métodos para que sentirte bien sea tu mayor prioridad!

Cabe enfatizar un aspecto importante: no temas sentirte bien cuando las cosas no dan los resultados esperados. Cuando las cosas no salen como queremos, nuestra reacción inmediata es permanecer en la negatividad. Ni siquiera podemos imaginar que nos sentiremos bien en medio de algo que marcha mal. Pero sentirse bien es el modo más rápido de salir de situaciones que no dan resultado. Pruébalo la próxima vez que algo no salga como querías. Haz rápido una cosa que te haga sentir bien. Escucha tu meditación guiada favorita. Llámale a un amigo que siempre te hace reír. Sal a dar un paseo. Ten acceso a la felicidad aun en un momento difícil. Este gozo te sacará de la experiencia negativa. Está bien que te permitas un poco de enojo, pero equilíbralo con alegría. Las emociones agradables te realinean con el Universo y éste será tu guía. Si haces de sentirte bien una prioridad, serás guiado.

DATE PERMISO DE SENTIRTE BIEN

Es fácil que te niegues emociones que hacen que te sientas bien. Quizá mi situación de que haya trabajado en exceso tenga eco en ti y tengas la certeza de que el éxito requiere sufrimiento. A lo mejor piensas que la única manera de estar seguro y a salvo es que lo controles todo. Tal vez te sientes apabullado porque por más que lo intentas no consigues pareja.

O simplemente no crees que merezcas sentirte bien. Sean cuales fueren tus circunstancias, te compadezco. El mundo del que dependemos nos ha enseñado a forcejear. Nos bombardea cada día con malas noticias, razones de que nos comparemos con los demás y una extendida concentración en lo negativo. Muchos de nosotros también tenemos fuentes internas de dificultades, como enfermedades y traumas, que se interponen en el camino de nuestras sensaciones agradables.

Es hora de que cambies ese patrón. Relaja el control de tu vida, experimenta una sensación de libertad en estas prácticas y no te juzgues por moderar tu rigor. Darte permiso de sentirte bien supone un cambio de percepción. Implica práctica y repeticiones, pero si te comprometes, tu vida cambiará milagrosamente. Quizá debas recordarte con regularidad que está bien que te sientas bien. Aun ahora, mientras escribo este libro, yo misma me encuentro en el proceso de darme permiso de serenarme y cuidarme más, aun si eso significa que rechace oportunidades personales o de negocios. Mi intención es que me sienta bien por encima de todo, antes de hacer cualquier cosa. Y si esto quiere decir que debo decir "no", lo haré. Este nuevo patrón es complicado de seguir para mí, porque dediqué décadas enteras a trabajar en exceso y perseguir toda clase de logros. Pero cada vez me siento más a gusto con mi nueva normalidad. Ya acepto que cuanto menos haga, más éxito tendré, porque entre menos hago, mejor me siento, y transmito esa agradable sensación a los proyectos que emprendo. Pese a que en ocasiones descubro que quisiera regresar a una conducta antigua, eso no interrumpe mi flujo. En momentos así, retorno a mi afirmación. Mi decisión de sentirme bien es más fuerte que la influencia que mis antiguos patrones ejercen en mí. Cuanto más tiempo dedico a sentirme bien, más fácil es mi vida. Todos los días me doy permiso de sentirme bien antes que nada, ¡y el resultado es milagroso! Me siento apoyada, tengo tiempo y espacio mental para ser creativa, y mi familia y mi oficio prosperan.

CUIDA TUS PALABRAS Y LAS DE LOS DEMÁS

Es muy importante que reconozcas el poder de tus palabras. Unas cuantas palabras pueden llevarte al camino correcto o a una espiral descendente fundada en el temor y dirigida a un estado de desalineación. Por ejemplo, mientras escribía este libro, las cosas se agitaron en mi pequeña empresa. Habíamos crecido mucho y debíamos contratar más personal. Mi equipo estaba al tanto de todo pero se sentía agobiado. Sin darnos cuenta, habíamos adoptado este mantra: "¡Pusimos demasiadas cosas en marcha y no podemos seguirles el paso!". Yo inicié ese mantra. En cada reunión me mostraba preocupada porque todos estaban muy ocupados o hablábamos de lo mucho que debíamos hacer. Mis palabras se infiltraron en el equipo. En cuestión de semanas, todos decían cosas como "No tengo tiempo para hacer lo que debo, estoy abrumado". Noté entonces que su resistencia provocaba que me sintiera desalineada de las buenas vibraciones que acostumbro a exudar. Esto dio como resultado una disminución de energía, un mantra negativo y baja moral. Una tarde en que trabajaba en este capítulo, tuve una gran revelación. Justo mientras escribía sobre la vibración de las palabras, exclamé: "¡No estoy haciendo esto!". Minutos después reuní en una videoconferencia a todos los integrantes del equipo y les expliqué que mi apremio y palabras los desanimaban y ellos habían absorbido lo que yo expulsaba. Les pedí que habláramos de nuestra situación de otra manera. Practiqué en tiempo real el método

"Elige de nuevo" y fui en busca de pensamientos agradables. Dije cosas como "Hemos sido bendecidos. Nuestro mensaje se difunde muy rápido y crecemos a toda prisa. ¡Ésta es una situación fabulosa! Estoy segura de que seremos capaces de atraer apoyo adicional. Trabajamos en lo que nos apasiona y todos los días nos sentimos realizados. El Universo dilata el tiempo a nuestro favor cuando decidimos divertirnos en el camino". Después de este reajuste, la energía del equipo cambió. Los ojos de todos se iluminaron, volvieron a sonreír y los sentí aliviados. Habíamos escogido las palabras incorrectas para describir nuestras condiciones ¡y estábamos listos para elegir de nuevo! Gracias a nuestro lenguaje renovado avanzamos con firmeza, entusiasmo y energía de imanes.

Como indica este ejemplo, es esencial que tomes conciencia de que tus palabras afectan a otros. Cuando hablas de más, te quejas, juzgas o menosprecias a quienes te rodean, debilitas tu alineación de vibrar con el Universo. Toma conciencia de tus palabras aun si crees que lo que dices es útil, porque el lenguaje que empleas podría ser perjudicial.

Cuando afinas tu conexión como imán, también es importante que protejas tu energía contra las palabras de los demás. Por ejemplo, durante mi aventura de fecundidad compartí públicamente mi experiencia de tratar de concebir. En *El Universo te cubre las espaldas* escribí que esta aventura me enseñó a ceder como nada lo había hecho antes. Sabía que mi franqueza era útil para otras mujeres que pasaban por un trance parecido. Escribir sobre mi proceso y hablar en público de él hacía que me sintiera potenciada. Este acto de compartir abrió la puerta a que muchas mujeres me relataran su propio caso. Recibía correos electrónicos, mensajes de texto y notas de redes sociales de mujeres del mundo entero que querían transmitirme sus milagros y esfuerzos. Aunque me sentía muy agradecida por esta asistencia, noté que me deprimía. Varias de esas mujeres me comentaban sus adversidades y angustias. Luego de muchos años como maestra espiritual, había aprendido a escuchar y sentir gran compasión por cada persona. Pero esta vez todo me tocaba muy de cerca. Sentí que mi fe menguaba y mi impulso positivo se resentía. Algunas cosas que me contaban me preocupaban tanto que las proyectaba en mí. Entendí entonces que las palabras ajenas me afectaban mucho. Tan pronto como noté que no me sentía bien, decidí hacer un viraje. Modifiqué mi interpretación de esa información. Cuando una persona me contaba una experiencia fallida de fecundidad, la orientaba a un estado positivo. O si recibía un correo que indicaba resistencia a la fertilidad, rezaba por esa persona y me recordaba que ése no era mi caso. Hacía cuanto podía por resguardar mi impulso de sentirme bien.

Luego de varios meses de evitar historias negativas y comprometerme con sentirme bien, ocurrió algo interesante. Ya no recibía un solo mensaje ni comentario negativo, como si me hubiera vuelto inmune a ellos. Mi compromiso con sentirme bien le envió un mensaje al Universo de que yo había dejado de ser un destinatario adecuado de casos negativos de fecundidad. No sólo dejé de recibir referencias negativas, atraía muchas historias felices. Todas las mujeres que me buscaban me contaban casos positivos y milagrosos de fecundidad. Fue impresionante ver que mi compromiso con sentirme bien me convirtió en un imán de situaciones que reforzaban mi intención.

Cuando inicies la práctica de sentirte bien, percibirás mucha resistencia en el mundo exterior. No culpes a los demás de esa renuencia. Reflejan en ti la tuya propia. Usa estas condiciones como una oportunidad de rendición a sentirte bien. No controlas lo que la gente dice o hace, pero sí el modo en que lo percibes. Practica la protección de tus emociones a toda costa. La oscuridad no puede coexistir con tu luz, ¡así que no ceses de brillar! En ciertas situaciones, quizá debas reencauzar una conversación, dejar de seguir a ciertas personas en las redes sociales o incluso abandonar una sala. Sé amable y gentil con los demás, pero fija límites muy claros que defiendan tus emociones agradables. Puedes decidir cómo percibes el mundo. Tu sueño lo sueñas tú.

NO SABOTEES EL FLUJO DE SENTIRTE BIEN

A lo largo de mi carrera he conocido a miles de personas que han transformado su vida mediante la adopción de una práctica espiritual. Aseguran que tan pronto como cambiaron sus pensamientos y energía, atrajeron lo que deseaban. Conforme modificaban su punto de atracción, se volvieron imanes de lo que en verdad querían. Sin embargo, muchas de ellas me han dicho que en cuanto se sintieron mejor y atrajeron lo que querían, una voz de temor, emergida de la nada, las cuestionó: "¿Esto es demasiado bueno para ser verdad?". La voz del miedo saboteaba sus emociones agradables. Su fe en el miedo tomaba el mando y ellas reincidían en su antiguo patrón de pensamientos negativos y atracción fundada en el temor.

Menciono esto para que te vigiles constantemente. Si aplicas cada método de este libro, sentirás cambios milagrosos y obtendrás resultados alucinantes. No exagero. En el momento mismo en que te alineas con emociones que hacen que te sientas bien, tu poder como imán empieza a afianzarse. Pero en cuanto tu poder se enciende, el temor podría bloquearlo. Seamos realistas: tus miedos harán todo lo posible por sabotear tu experiencia como imán. Pero no te preocupes por tu temor, sólo toma conciencia de él. Cuando trate de desalinearte, retorna a tu método "Elige de nuevo" del capítulo 1 y preserva el flujo de sentirte bien.

He aquí cómo puedes usar el método "Elige de nuevo" cuando adviertas que el temor sabotea tu flujo:

1. Percibe el temor

Cuando descubras que pensamientos aprensivos sabotean tu flujo positivo, pregúntate: "¿Cómo me siento en este momento?". Experimenta todas las sensaciones que tengas.

2. Perdona el pensamiento

Perdona que hayas temido a sensaciones agradables. Di en voz alta o en silencio: "Perdono este pensamiento y elijo creer en el amor". ¡Después celebra tu deseo de volver a sentirte bien!

3. Elige de nuevo

Responde esta pregunta: "¿Qué pensamiento agradable está a mi disposición?". Da gracias al Universo de que te guíe a ese pensamiento.

Usa tu método "Elige de nuevo" para que te recuperes pronto y digas no al autosabotaje. Ser un imán requerirá que repitas con regularidad una nueva conducta positiva. ¡Es hora de que hagas de sentirte bien un hábito! (Te aguarda más de esto todavía. En los capítulos siguientes te brindaré un método muy eficaz para que te sientas bien con sólo pensarlo.)

MUÉSTRATE SATISFECHO CON LO QUE HAY

Es probable que encuentres enorme alivio en estos métodos y notes cambios inmediatos, pero algunas áreas de tu vida podrían tardar un poco más en cambiar. Está bien. La meta no es que cambies todo de la noche a la mañana, ¡sino que te diviertas en el camino hacia lo que deseas! Abraham-Hicks dice:

> *La razón de que desees cada cosa que quieres es que crees que te sentirás muy bien cuando la obtengas. Pero si no te sientes bien en el trayecto, no llegarás a tu destino. Muéstrate satisfecho con lo que hay mientras buscas más.*

Muestra satisfacción con lo que te permite ser feliz y estar en paz más allá de si tienes todo lo que crees que necesitas. ¡Olvida lo que crees necesitar y concéntrate en sentirte bien! Si te sientes bien, llegarás más lejos de lo que te habría llevado cualquier cosa que creas necesitar. Te liberarás del requisito de conseguir algo, estar en alguna parte o encontrarte en ciertas circunstancias para ser feliz. La felicidad será el resultado que más desees.

Comprométete con las prácticas de este capítulo. Te prepararán para que la manifestación ocurra, porque para que atraigas ese bien, primero debes creer que mereces sentirte bien. Los métodos que has aprendido hasta aquí harán que aceptes gustosamente tu mérito y felicidad, y te prepararán para *reclamar* todo lo que quieres atraer.

Disfruta de la práctica de sentirte bien. Como ya dije, quizás esta idea sea nueva para ti y tu ego muestre resistencia ante ella. Eso es lo que exploraremos en el capítulo 3. Has dedicado mucho tiempo y energía a *no* sentirte bien y obstruir tu poder como imán porque te comparas con los demás y alimentas la ilusión de la escasez. Me ocuparé de estos obstáculos en el capítulo siguiente. Te daré métodos para que te deshagas de la comparación, la competencia, la envidia y el apremio a acumular logros. Y te enseñaré a invocar la abundancia con cambios de mentalidad que dan resultados inmediatos.

Capítulo 3

Hay más que suficiente para todos

He impartido el curso Spirit Junkie Masterclass durante muchos años. Su objetivo es que personas interesadas en la espiritualidad obtengan seguridad y herramientas con las cuales puedan inspirar a los demás mientras hacen lo que las inspira a ellas. Ese curso está dirigido a personas de todas las profesiones y oficios. En él han participado abogados, yoguis, coaches personales, terapeutas, enfermeros, maquillistas y más, todos ellos procedentes de distintas partes del mundo y situados en diferentes momentos de su vida y carrera. Sin embargo, todos inician el curso con un deseo en común: contribuir en el mundo y alcanzar por ese medio la abundancia. He instruido a miles de individuos en el manejo de mis métodos y presenciado transformaciones radicales.

Mis alumnos empiezan su experiencia de la Spirit Junkie Masterclass preparados, inspirados y emocionados de asumir su poder, pero he notado que al principio prevalecen en ellos algunos temores y resistencias. Muchos alumnos no creen tener los méritos o recursos suficientes para realizar la gran labor que quieren cumplir. Dicen sentirse poco calificados o que carecen del tiempo, dinero o apoyo indispensables. Otros temen que sus ideas sean poco originales. Dicen cosas como "Gabby ya lo hace, es imposible que yo lo haga". ¡Algunos exalumnos de mi Masterclass asentirán al leer esto! Hacer realidad tu sueño requiere valor y eso puede provocar mucho miedo.

Esta mentalidad aprensiva aparece en todos, en particular si estamos en el umbral de algo grandioso. El temor a no poseer las cualidades o méritos suficientes es un gran obstáculo para nuestro poder como imanes. Muchos tienen una sensación de escasez que les fue inculcada desde la infancia o se comparan constantemente con los demás y ven todo como una competencia. Yo he caído presa de esos pensamientos y conductas, y estoy segura de que tú también. Es fácil sucumbir ante estos miedos.

La comparación es una emoción especialmente difícil de sortear. La mayoría sabemos que no es útil que nos comparemos con los demás, pero ignoramos que la comparación es una modalidad del acto de juzgar, el cual debilita nuestra fuerza de atracción. Ya sea que critiquemos a alguien porque lo vemos desde una perspectiva negativa o porque tiene algo que deseamos, o que lo pongamos en un pedestal y lo admiremos por su presumible superioridad, el hecho de juzgar significa que le decimos inconscientemente al Universo que lo que tenemos *no* nos agrada.

Esto podría parecer contraintuitivo, pero cuando envidias lo que otro tiene o cuando piensas que alguien es mejor que tú a causa de lo que posee, reduces la vibración de tu energía. Estas sensaciones de comparación y juicio hacen que vibremos a una frecuencia baja, con lo que rechazamos justo aquello que deseamos.

Me tomaba muy en serio el temor, la carencia y la comparación que veía en mis estudiantes de la Spirit Junkie Masterclass. Reconocía esos obstáculos porque también los había enfrentado, y examinaba la forma en que los había franqueado. Después ajustaba el curso, a fin de dedicar la debida atención a la seguridad en uno mismo y la alineación con el Universo. Si mis alumnos en verdad querían obtener grandes y significativos beneficios, debían librarse de las creencias que preservaban y reducían su vibración. Los ayudaba a que comprendieran que su sensación de insuficiencia y su afán de compararse con los demás obstruían su poder como imanes.

Detallaré a continuación los siete obstáculos que identifiqué en mis alumnos. Todos los padecemos, y aparecen de manera furtiva. Quizá te identifiques de inmediato con algunos de ellos e ignores otros. Ésta es una oportunidad de que seas sincero contigo. Nunca podremos aprovechar nuestra fuerza de atracción si no sabemos cómo la bloqueamos. Hacer un inventario veraz de la forma en que obstruimos nuestro poder como imanes indicará cómo podemos recuperarlo. No temas esos obstáculos; son muy comunes, y la mayoría de nosotros no tenemos conciencia de ellos. Familiarizarnos con ellos corregirá los patrones que impiden que seamos imanes.

OBSTÁCULO #1: CREER EN LA INSUFICIENCIA

Si sientes que no tienes méritos o recursos suficientes, pones demasiado esfuerzo en tratar de demostrarle al mundo tu valía. Todo ese esfuerzo obstruye el flujo del Universo. Cuando gastamos nuestra energía en ello, perdemos la pista de nuestras sensaciones agradables, porque nos obstinamos en ser *valorados*. El permanente intento de *valoración* es producto de una energía de carencia. Esta energía de bajo nivel aleja lo que deseas. Aleja el apoyo de los demás, tus ideas creativas y la inspiración del Universo. El tiempo y energía que inviertes en demostrar que vales es una de las razones de que no recibas lo que quieres. Tu esfuerzo por ser visto hace que permanezcas en las sombras y niegues la luz que en verdad eres. La gran noticia es que es posible salir de esa mentalidad de escasez, de la energía de bajo nivel y de las sombras.

OBSTÁCULO #2: PENSAR QUE NO HAY SUFICIENTE PARA TODOS

La idea de que no hay suficiente para todos es un miedo muy extendido. En ese estado de temor, sufrimos para obtener lo que deseamos y nos enorgullecemos de lo que hacemos por conseguir un logro tras otro. Creemos que debemos alcanzar tantos de ellos como sea posible, antes de que otros lo hagan. Imaginamos una situación de suma cero en la que sólo existe una cantidad limitada para todos. Aunque esta mentalidad podría incitarnos a entrar en acción, también puede paralizarnos. Muchas personas no cumplen sus deseos porque temen decepcionarse después. Cuando crees que hay un límite a la abundancia y la alegría, bien puede ser que evites todo intento de alcanzarlas. Pero cuando pasamos de un mundo de escasez a uno de abundancia, recordamos que *hay más que suficiente* para todos. Si entiendes el mundo como una realidad vibracional antes que como un espacio físico, tus anhelos se harán realidad. Si tienes acceso a la energía de la abundancia y confías en que el Universo siempre procura nuestro bienestar, sentirás que tu deseo cobra forma antes de que se presente en el mundo físico. No podemos tener un pie en el mundo de la escasez y otro en el de la abundancia. Nuestra labor consiste en alinearnos. Cuando te alineas con el Universo, sabes que cualquier cosa es posible, y por tanto la carencia se desvanece. Cada una de las prácticas de este libro te ayudarán a que sintonices con la frecuencia que permite que reconozcas la abundancia a tu alrededor. Cuando sintonizas con la energía de la abundancia, tu vida refleja esa riqueza.

OBSTÁCULO #3: COMPARARNOS CON LOS DEMÁS

Una de las grandes trabas a nuestro poder como imanes es compararnos con otros. Todos hemos sido culpables de esta conducta en un momento u otro, y es comprensible que así sea. Basta con que abramos una app de las redes sociales para que recibamos un torrente de oportunidades para equipararnos. La voz del temor interior gusta de emplear comparaciones para que dejes de reclamar lo que deseas. Esa voz fundada en el miedo quiere que te mantengas "a salvo", no juegues en grande y minimices los riesgos percibidos. Pero cuando te comparas con los demás, pierdes tu capacidad de atracción. Tu poder como imán procede de cómo te sientes, tu fe en el amor y tu alegría. Cuando te comparas, no pones tu atención en cómo te sientes, tu fe en el amor ni la felicidad que emanas, sino en lo que tienes o no, en aquello de lo que careces y lo que crees necesitar para alcanzar el éxito. Si fijas tu atención en el exterior, te compararás una y otra vez con quienes parecen tener lo que tú quieres.

Siempre que comparas tus circunstancias con las de otra persona, refuerzas tu sensación de escasez. Esta sensación es tan intensa que atrae a sus semejantes. He aquí un ejemplo: imagina que eres el único en tu grupo de amigos que aún no se ha comprometido en matrimonio. Si buscas una relación comprometida, compararte con ellos hará que te sientas muy mal. Esta sensación no prestará apoyo a tu fuerza de atracción, sino que agudizará tu temor a quedarte soltero. La energía va adonde tu intención fluye, así que cuando piensas en tus amigos que tienen lo que deseas, al final manifestarás un mayor número de las cosas que no deseas. Recuerda que tu poder como imán procede de cómo te sientes, tu fe en el amor y la alegría que emites.

OBSTÁCULO #4: GANAR A EXPENSAS DE LA DIVERSIÓN

El Universo es un cauce incluyente de abundancia en el que hay suficiente para todos. Cuando competimos, interrumpimos ese cauce. El miedo a perder o la obsesión de ganar es otra modalidad de la escasez. Muchas personas se enorgullecen de su naturaleza competitiva, pero ésta puede generar resistencia. Hacen que su felicidad y su éxito dependan de "ganar". Aun en el caso de una "competencia sana", sería muy valioso un cambio de percepción. A pesar de que algunos prosperen en los deportes o los negocios gracias a su naturaleza competitiva, te reto a que consideres una idea nueva. ¿Qué pasaría si desplazaras tu atención de la obsesión de ganar y el temor a perder hacia cuánta diversión te produce una actividad? Este simple cambio te hará feliz, lo que conducirá inevitablemente a más éxitos.

Yo he participado en una competencia anual en los seis últimos años. En los dos más recientes, ocupé el primer lugar sin el menor esfuerzo. El año pasado, poco después de que recibí los resultados, la señora que ocupó el segundo sitio me llamó por teléfono. Me dijo en son de broma:

—Gabby, te aprecio mucho, ¡pero no soporto que haya quedado en segundo lugar! Soy muy competitiva.

Yo repuse:

—La razón de mi éxito fue que no participé para competir.

Aunque es sumamente grato terminar en el primer sitio u obtener un gran premio, ése no fue mi principal propósito. Soy sincera cuando digo que la razón de que haya ganado fue que mi energía cedió, dirigí mi atención a divertirme y el resultado no me importó. No me obstiné en actuar como estratega; sólo disfruté el proceso. Si te lo platico es porque quiero enfatizar esto: ¡no tiene nada de malo que abrigues grandes sueños y te desentiendas del resultado! De hecho, tan pronto como nos olvidamos del resultado, permitimos que el Universo nos respalde. Olvidamos y permitimos.

Competir a expensas de la diversión es lo opuesto a olvidar. Si debes ganar para sentirte bien, feliz o exitoso, competir sólo generará en ti distanciamiento, crítica, agresividad, agitación interior y fe en la escasez. Cuando tu felicidad depende del marcador, le envías al Universo el mensaje de que debes ser "mejor" que otro para sentirte valorado. Esta energía no recibe apoyo nunca. No digo que debas abandonar toda actividad competitiva. Un gran número de individuos obtienen mucho placer, gozo, satisfacción, desarrollo personal y lazos interpersonales de las actividades competitivas en las que participan. Lo importante es tu respuesta a esta pregunta: ¿cómo te hace sentir el hecho de que compitas? Si el temor a la derrota aparece perpetuamente en el fondo de tu cabeza y sólo experimentas satisfacción cuando ganas —satisfacción que se esfuma cuando te preparas para la competencia siguiente—, competir es un obstáculo para tu poder como imán. ¿No sería maravilloso que pudieras triunfar y tener éxito sin esfuerzo? Cuando rediriges tu energía competitiva, te diviertes cualquiera que sea el resultado.

OBSTÁCULO #5: TEMER EL RECHAZO

He conocido a incontables personas que frustran sus sueños por miedo al rechazo. La idea del rechazo paraliza. Muchos de nosotros hemos acabado por verlo como una forma de humillación y derrota. Sin embargo, podemos apreciarlo de otro modo. He aprendido a considerarlo una modalidad de protección. Confío en que cuando algo no sale como lo planeé, se debe a que me aguarda algo mucho mayor.

He aquí un ejemplo de mi vida profesional. Tras recibir una oportunidad fabulosa, elaboré con mi equipo un magnífico plan que me entusiasmó. No obstante, los abogados tardaban demasiado en negociar cada detalle del contrato. Aunque se redactaron varias versiones nuevas, ninguna de ellas contenía todas nuestras ideas o necesidades. Después de seis meses de negociaciones, ¡sentí que habíamos retrocedido en muchos aspectos! Frustrada por esta situación, decidí abrir mi mente y ver las cosas de otra manera. En lugar de obstinarme en conseguir algo que parecía el trabajo equivocado, decidí ver esa situación como una orientación del Universo. Cuando di un paso atrás, me percaté al instante de que el problema no eran las minucias del acuerdo; había una fundamental falta de comprensión acerca de lo que cada parte quería. La resistencia que habíamos enfrentado en el camino no era rechazo sino orientación. Fuimos guiados a no cerrar ese acuerdo. Dos años más tarde reconsideramos esa oferta ¡y celebramos que se hubiera venido abajo! Agradezco que los abogados se hayan interpuesto en el camino; hoy sabemos que el Universo nos guio en la dirección correcta.

Te aliento a que te abras a la idea del rechazo como protección. Optar por esta perspectiva disolverá tu miedo a él. Si decides verlo como orientación, ¿qué podrías temer? Si alguien a quien le pediste una cita te la niega es porque ya está en camino alguien mejor. Si la suma que ofreciste por una casa no es aceptada es porque esa casa no era para ti. Si llegas a la ronda final de entrevistas del que estimas el empleo de tus sueños y lo obtiene otro, ¿sabes qué? No era el empleo de tus sueños.

La aceptación del rechazo como orientación te brinda una oportunidad más para que sigas el flujo del Universo y refuerces tu fe en que existe un plan mejor que el tuyo. Sobre todo, dejarás de tenerle miedo al rechazo. Descargado de ese temor, estarás en libertad de soñar en grande, actuar con osadía y permitir que la vida te dirija. Sigue la orientación que recibas aun si parece rechazo. Te sorprenderá descubrir que el rechazo puede ser el mejor guía de todos.

OBSTÁCULO #6: TENER UNA MENTALIDAD DE QUE SE NECESITA MÁS

¿Alguna vez has sentido que aunque cumpliste una meta, tienes que pasar de inmediato a la siguiente? ¿Que como te sientes incompleto a la hora del triunfo, debes continuar con el objetivo próximo? La mentalidad de que necesitas más es otra modalidad de la escasez. Sugiere que buscas algo afuera de ti para que te sientas completo en vez de que confíes en tu integridad presente. La búsqueda de éxito, realización y aprobación en el exterior es un patrón adictivo que nos mantiene desalineados del Universo.

Obstruimos el apoyo del Universo cuando nos concentramos en un logro futuro. Los altibajos de necesitar más y más son muy deprimentes. Aun si haces alto cuando consigues algo, el ronroneo del logro es efímero y pronto lo reemplaza el temor a no cumplir la meta siguiente.

Viví varias décadas con una mentalidad de que necesitaba más. Cumplía una meta sólo para obsesionarme de inmediato con una nueva. A mi esposo le preocupaba que nunca me daba tiempo para celebrar mis éxitos ni estaba presente en el momento. Conseguía logros porque creía en mí, pero no disfrutaba el trayecto. Permíteme detenerme un poco en esto, porque es importante que lo señale. Si crees que eres capaz de cumplir tus deseos, cobrarán forma. Que tengas fe en tu capacidad es relevante, pero *dista mucho* de ser lo único que importa. Si no te diviertes en el camino, ¿qué caso tiene que persigas algo? En última instancia, vivir con la mentalidad de que necesitas más te impedirá alcanzar tu pleno potencial. Marianne Williamson suele compartir este mensaje, inspirado en *Un curso de milagros*:

> Quienes más han logrado en la Tierra, han alcanzado una fracción de aquello de lo que todos somos capaces. Hagas lo que hagas, grande o pequeño, es ÍNFIMO en comparación con el potencial que aún reside en ti.

Bloqueamos nuestros auténticos logros cuando no disfrutamos el trayecto. Cuando yo dejé de pasar de un logro a otro y me concentré en la diversión en el camino, ¡mi existencia se volvió grandiosa! Me sentí más unida a mis amigos, mi esposo y mi trabajo. Estaba más presente y la vida fluía. Me relajé y me permití celebrar los momentos milagrosos. Cuando abandoné la mentalidad de que necesitaba más, ¡logré MUCHO más de lo que creía posible! Si disfrutamos el momento y dejamos que el Universo fluya a través de nosotros, seremos orientados a crear lo que Dios desea, no lo que creemos que necesitamos.

OBSTÁCULO #7: TEMER QUE NOS JUZGUEN

Otra gran traba a tu poder como imán es el énfasis en lo que piensan los demás. He visto este obstáculo en muchos de mis amigos y estudiantes. Mis alumnos sueñan en compartir su trabajo espiritual con el mundo. Quieren escribir libros, hablar en estrados y difundir lecciones potenciadoras a su muy particular manera. Pero el temor a ser juzgados los detiene. Me dicen que sus familiares y amigos no creen en su senda profesional o en sus sueños. Mi respuesta es: "La única razón de que no crean en ello es que tú tampoco lo haces". Los auxilio para que vean que los demás reflejan en ellos su propia mentalidad de incredulidad y escasez. Nuestras vibraciones atraen nuestras relaciones. Encarnar una energía de carencia y autocrítica les envía a los demás el mensaje de que no creemos que merezcamos lo que deseamos. Esta energía se percibe a varios kilómetros. Los individuos con quienes convivimos (en especial los que están más cerca de nosotros) pueden ser grandes maestros espirituales, porque reflejan en nosotros la energía que despedimos. Sus juicios sobre nuestra persona son un reflejo de lo que, consciente o inconscientemente, pensamos de nosotros mismos. Cuando recuperamos la fe y creemos en nuestros deseos, el mundo también cree en nosotros. Y aun si nadie confirmara tus deseos por completo, tu fe bastará para que restes importancia a los juicios de otros y alteres su energía. Tal vez dejen de resistirse a tu visión o de juzgarte. Cuando abandones tu propia resistencia, sentirás que también la ajena te abandona. Reconoce que los juicios de los demás revelan tu falta de fe. Cada experiencia y encuentro te lleva a corregir la persistente resistencia que impide que seas un imán. Así, en vez de culpar a los demás por resistirse a tus sueños, agradece que te den una oportunidad de inmenso crecimiento y curación.

Escasez, duda, comparación e inseguridad se interponen en el camino de atraer el cumplimiento de tus deseos. Pero ninguno de esos obstáculos es insalvable. Ahora que ya conoces mejor cada uno de ellos, detallaré los métodos que debes aplicar para que cambies. Ésta es la parte divertida, y me emociona transmitirte mis métodos. Sé de innumerables personas que han experimentado cambios radicales gracias a que los siguieron. Pruébalos y verás por ti mismo cómo transitarás rápidamente de una energía de carencia a una de fe. Ya no hay razón de que no juegues en grande. El Universo tiene magníficos planes para ti y es hora de que los reclames.

EL MÉTODO DE LA ABUNDANCIA UNIVERSAL

Protege tus deseos a fin de que permanezcas alineado

Es importante que no compares tus deseos o emociones con los ajenos. Atraer lo que quieres implica que te alinees con el Universo y asumas la energía de cómo quieres sentirte. Pon tus sensaciones por encima de todo lo demás y respétalas mediante el hecho de mantenerlas en secreto mientras pasas por el proceso de fortalecer tu fe.

Una manera de proteger tus deseos consiste en que fijes límites amables pero firmes con quienes se resistan a ellos. No es raro que personas con las que convives muy de cerca tengan una noción preconcebida de cómo deberías ser. Estas proyecciones podrían desalinearte del Universo. Cuando descubras que tus deseos desafían a otros, fija límites corteses. Quienes te rodean no sabrán siquiera que los fijaste si lo haces con consideración. Por ejemplo, si alguien te presiona para que hables de un deseo que aún no estás preparado para externar, dile amablemente: "Tengo en desarrollo varios proyectos, pero como significan mucho para mí, no los compartiré hasta que maduren". O bien, pide que ciertos temas sean dejados en paz. Por ejemplo, cuando yo hacía el intento de concebir, tuve que pedirle con gentileza a mi madre que no interfiriera. Le dije que, sin querer, sus acciones me causaban desilusión y le pedí que habláramos de otros temas. Dado que creé este límite con amor, ella me escuchó y respetó mis deseos, mientras que yo protegí mi sueño y permanecí conectada con el hecho de sentirme bien.

En algunos casos resulta impráctico fijar límites amables. En estas condiciones, apártate conscientemente de quienes reducen tu energía. Por ejemplo, si sanas de una afección, no entres a internet a leer mensajes repletos de casos de esa enfermedad. Si quieres atraer dinero, limita el tiempo que pasas con amigos que no cesan de hablar de sus problemas económicos. Si deseas que una nueva pareja se manifieste, no trates a personas que siempre se quejan de sus dramas románticos. Si estás listo para iniciar un proyecto nuevo y apasionante, no se lo comentes a un pesimista declarado. Yo tengo como prioridad elegir amigos, miembros de mi equipo y socios que creen en mi visión. No hay espacio en mi vida para quienes impiden mi flujo. Protege a toda costa tus sueños.

Otra forma de defender tus sentimientos y emociones es que mantengas tus anhelos para ti antes de que estén completamente desarrollados. Supongamos que te dispones a realizar un cambio de carrera o a encontrarte con una nueva pareja después de un rompimiento reciente. Aunque es de suponer que esos deseos te potencien y emocionen, podrían fundarse en una energía de escasez o sacar a relucir experiencias aprensivas. Esa voz del temor podría ser más fuerte que la amorosa voz de tu sistema interno de orientación. Por eso te sugiero que nutras tus deseos y los mantengas en secreto hasta que te sientas alineado y lleno de fe. Si los revelas en un estado de desalineación, hallarás resistencia. Recuerda que el Universo percibe la energía que emites. Así, si revelas tus deseos con una energía aprensiva, la gente responderá con más temor aún. Hablar de tus deseos en condiciones de temor o incertidumbre debilitará tu fuerza de atracción. Guarda en secreto tus deseos en tanto fortaleces tu fe.

¿Cómo puedes saber que estás listo para compartir tu visión con el mundo? Desarrollarás una profunda sensación de conexión y certidumbre respecto a tu deseo y sabrás entonces que ha llegado la hora de hablar de él. Si presentas tus ideas con fe y convicción, quienes te rodean las apoyarán (aun si no lo hicieron en el pasado). El Universo siempre refleja la energía que irradias hacia fuera. Abraham-Hicks señala:

> Este Universo es de diversidad, lo que representa plenitud para todos y la energía fundamental responderá a todos. Tu mentalidad de escasez hace que creas que cuentas con una cantidad finita de recursos. Los recursos que persigues son infinitos, y tu habilidad para cumplir tus deseos significa que el Universo es capaz de satisfacerlos sin excepción.

En esto no hay excepción alguna. Mantente alineado con el amor, y recibirás.

Piensa más en dar que en recibir

Tengo una alumna increíble llamada Stephanie. Ella tomó mi curso y estaba ansiosa de aplicar todo lo que había aprendido. Como primer paso organizó un taller en la biblioteca de su localidad, basado en las lecciones desarrolladas por mí. Elaboró con diligencia un plan de estudios y las sesiones del programa. Para promoverlo distribuyó volantes, envió correos electrónicos y corrió la voz en Facebook.

El día del inicio del taller, Stephanie se presentó en la biblioteca lista para comenzar y, en vez del numeroso grupo que imaginó, se encontró con una sola mujer en la sala. Pese a su depresión y vergüenza, no podía marcharse y desairar a esa única persona.

Se acercó a ella y le preguntó:

—¿Vino a mi taller?

La mujer respondió:

—No... ¿cuál taller?

Stephanie contuvo las lágrimas y dijo:

—Impartiré aquí un taller en seis partes basado en el libro *Los milagros ocurren* de mi maestra Gabby Bernstein. Lo preparé a conciencia y nadie se presentó, pero me encantaría compartirlo con alguien.

Aquella señora replicó:

—¡A mí me vendría muy bien un milagro! Tomaré su curso.

Ese día, Stephanie se vio obligada a olvidar su anhelo de instruir a un grupo numeroso y concentrarse, en cambio, en su deseo verdadero, que era servir, así que instruyó a la única persona presente en la sala. Y lo más importante fue esto: en cuanto se interesó en servir más que en su ego, todo ocupó el lugar que le correspondía. Ella pasó de una mentalidad de "recibir" a una de "dar" e impartió un taller espléndido. Aquél fue un momento milagroso en su vida.

Stephanie podría haber adoptado un enfoque menos razonable pero comprensible. Sin embargo, se armó de valor y consideró el *contenido*, no el *marco* de su experiencia. En ese momento, lo único que le importó fue compartir el don de su enseñanza. Horas después me llamó para contarme lo ocurrido. Estaba tan emocionada cuando me refirió que había cumplido su propósito y alcanzado la luz y dicha de servir que el número de asistentes pasó a segundo plano. Ese día, ella modificó en alto grado su energía, gracias a que aceptó la sensación de seguridad y orgullo. ¡Esta energía la convertiría al final en una coach de éxito, una voz inspiracional en línea y un excelente ejemplo para ti!

Si estás estancado en el "marco" de cómo crees que deberían ser las cosas, toma en serio esta anécdota de Stephanie. Desplaza tu atención de lo que puedes recibir a lo que eres capaz de dar. En cuanto hagas este cambio, tú también recibirás un milagro. El Universo apoya decididamente tu energía de servicio y siempre abre puertas con ese fin. Si te centras en servir, abandonarás tus juicios y comparaciones. ¡Tu compromiso será un motivo de orgullo para ti! La salida más rápida de una energía de escasez es dar.

Pregúntate cada día: "¿Cómo puedo servir?". Esta interrogante te alineará con el Universo. Recuerdo que el doctor Wayne Dyer dijo en una ocasión: "Cuando te preguntas '¿Cómo puedo servir?', el Universo responde: '¿Cómo puedo servirte a ti?'". Confía en que cuando emitas una energía de servicio, el Universo te la devolverá multiplicada por diez. Servir hará que te sientas poderoso, y ésta es justo la fuerza de la atracción.

Desea que los otros reciban más

Desear que los otros reciban más nos sitúa en la energía de la abundancia. ¿Por qué? Porque querer que los demás se sientan bien hace que también nosotros nos sintamos bien. La práctica de desear que otros reciban amplía tu capacidad de recibir, y esta sensación de abundancia atraerá un mayor número de las cosas que quieres. Cuando deseas de manera genuina que los demás disfruten de la abundancia, el Universo te responde del mismo modo.

En los inicios de mi trayectoria, asesoraba a mujeres de mi edad. Muchas de ellas estaban desesperadas por hallar a su verdadero amor y comprometerse en matrimonio. Se comparaban con sus amigas en Facebook que publicaban fotografías de su anillo de compromiso. Podía identificarme con eso; era culpable de lo mismo.

Sabía que no podía darles a esas mujeres principios espirituales que no aplicara en mi vida. Debía encontrar una solución que pudiera ofrecerles con certeza. Así, decidí aplicar el acto contrario. Cada vez que veía que una amiga publicaba una nota sobre su compromiso, me sentía feliz por ella. Después de todo, ni siquiera toda la envidia del mundo podría traer a mi prometido. Permitía que la visión de la dicha de mi amiga me emocionara en relación con mi propio compromiso. Más tarde di en celebrar las relaciones que veía a mi alrededor. Cuando veía en la calle a parejas tomadas de la mano, su amor me inspiraba. Decidía conscientemente percibir esas relaciones amorosas como parte de mi trayecto de manifestación. En lugar de juzgar ese amor como un recordatorio de lo que yo *no tenía*, lo veía como un recordatorio de lo que crearía. Cuando veas que otros tienen lo que quieres, ¡celébralo! Permite que su éxito se refleje en ti cuando estés listo para recibir.

Desear que los demás reciban más requiere que nos deshagamos del obstáculo de la comparación. Cuando nos comparamos con otros, nos inclinamos a la mentalidad de la escasez y la sensación de que en el Universo no hay amor suficiente para todos. Años después de que eliminé ese obstáculo para las relaciones, me topé con uno similar contra la concepción. Si estás en vías de concebir, protege tu fuerza de atracción y no compares tu aventura de fecundidad con la de nadie más, ni juzgues a tus amigas que no tienen dificultades para embarazarse. Sé que esto te resultará imposible cuando estés en medio de la batalla, pero te aseguro que te sacará de tu conflicto.

Dediqué tres años a tratar de concebir. Durante los dos primeros, forcejeé con mis emociones y me irritaba cuando mis amigas me hablaban de su bebé, sus experiencias de crianza y todo lo relativo a la maternidad. Me sentía ajena a eso, lo que devolvía mi atención a mi percepción de escasez. Me comparaba tanto que me deprimía. Sabía en el fondo que era imposible que concibiera en presencia de la energía de la necesidad, y que debía cambiar de actitud. Así, decidí no fijarme más en lo que no tenía y celebrar lo que tenían mis amigas. En vez de comparar y juzgar, permitía que la energía de la maternidad de otras mujeres llenara mi corazón. Les formulaba preguntas y pasaba tiempo con sus hijos. Dejé de compararme con mis amigas que ya eran madres y celebraba su maternidad. Les preguntaba acerca de su embarazo, cargaba a su bebé y tomaba nota de sus sugerencias y estrategias. Celebraba su maternidad junto con ellas, y su realidad empezó a ser la mía. Pese a que mi bebé no había nacido aún, me colocaba en la expectación positiva de lo que viniera. Cuanto más asumía la energía positiva de la maternidad, más cerca sentía a mi bebé.

La fuente de nuestra envidia es una parte de nosotros que no hemos desarrollado aún. Si alguien tiene lo que quieres, esto no implica que eso no esté a tu disposición. De hecho, es lo contrario. Tu envidia refleja un profundo deseo. Incluso si tu ego te ha convencido de que no hay suficiente para todos, tu Ser Superior sabe que no es así. Transforma tu envidia en claridad. Conviértela en una oportunidad de aclarar con el Universo lo que en verdad deseas. Soy de la opinión de que cuanto más ves que otros tienen lo que quieres, más cerca estás de conseguirlo. Decide mirar a quienes tienen lo que deseas como un reflejo de tu porvenir. Velos como guiños afables del Universo que te revelan el futuro. Presta atención a las personas que prosperan en áreas en las que tú querrías hacerlo. Acepta que sus milagros son también tuyos. Entre más permitas que su grandeza te haga sentir bien, más rápido ésta cobrará forma para ti.

Haz algo, lo que sea, que te haga gozar

¡Sí, esto aparece otra vez! Recuerda que la clave para la manifestación es que te sientas bien. Lo repetiré incalculables veces en este volumen: la salida más rápida de la escasez es que nos inclinemos a lo que nos hace sentir bien. Concéntrate en tu principal deseo, el cual es alinearte con el gozo de lo que eres. Si te ves varado en razones de carencia o comparación, no te compliques las cosas; decide pensar en algo que te regocije. Cuando me sorprendo en un relato de escasez, cocino, salgo a dar un paseo o hago ejercicio: cualquier cosa que me distraiga de lo improductivo y redirija mi atención a lo que hace que me sienta bien. Tu creencia en la escasez y la comparación puede ser muy firme y parecer inmutable. Pero lo cierto es que en cuanto haces algo, lo que sea, para sentirte bien, se catapulta fuera de la escasez. La meta no es que cambies tu percepción debido a un milagro (el que, no obstante, cualquiera recibiría de buena gana), sino que pienses en cómo salir de la necesidad en cada caso.

Abre el grifo

Sigue la pista de cada ocasión en que transitas del temor al amor. A medida que acumules momentos milagrosos, favorecerás tu práctica. Dirige tus pensamientos a lo que sirve y prospera y aléjalos del temor, la escasez y la resistencia. Practica en cualquier instante el método "Elige de nuevo" y persigue una emoción agradable. Si diriges tu atención a lo que prospera, crearás un mayor número de las cosas que quieres y afianzarás tu fe en el Universo.

La aplicación de estas prácticas en el marco del Método de la Abundancia Universal aumentará tu fuerza de atracción. Superarás la energía de la limitación y encarnarás la de la prosperidad. El ajuste de tu mentalidad de escasez te realineará con el gozo y hará que aceptes la abundancia del Universo. Si decides sentirte bien y desprenderte de toda clase de apegos, te alinearás con el flujo del Universo. Decir "sí" al Universo es como abrir un grifo: llegará hasta ti todo lo que necesites. Concéntrate en el proceso, no en el resultado. Todos los resultados que anhelamos emergen cuando estamos en el flujo. Si pasas de la comparación a la unidad, de la competencia a la compasión y de la escasez al amor, fluirás con dinamismo.

Deja que el Universo te apoye. Siéntete seguro de que lo que otros tienen es un reflejo de lo que ya está en camino para ti. ¡Celebra generosa y sinceramente los éxitos ajenos!

LA PROMESA DE SANAR LA ESCASEZ

Corregir tu mentalidad de escasez promete muchos beneficios. Cuando tus pensamientos y energía dejen de estancarse en la carencia, el Universo procurará tu bienestar. La vida no será ya una carrera de un logro al siguiente; pasará a ser la experiencia momento a momento de sentirte bien. El doctor Wayne Dyer lo dijo estupendamente: "No atraes lo que deseas sino lo que eres". No te conviertas en la escasez que tanto deseas evitar. Asume los sentimientos de la alegría, la abundancia y la prosperidad para que seas un imán.

Los métodos de este capítulo te concederán un alivio enorme. Piensa en todas las veces en que has sentido envidia, te has comparado ansiosamente, has temido la escasez y adelantado al futuro. ¡Deja atrás todo eso! Sigue adelante y celebra el éxito de los demás, acepta la grandeza que llegue a ti y disfruta el presente a sabiendas de que lo que quieres ya está en camino. Cuando te desprendas del hábito de la escasez y el distanciamiento, te sentirás libre.

¡Resulta muy emocionante y potenciador saber que tus pensamientos y sentimientos son capaces de atraer la satisfacción de tus deseos! Esta sensación se enfatizará en el capítulo 4. En él te enseñaré un método para que pases pronto de pensamientos de bajo nivel y energía a un estado positivo. Te orientaré para que confíes en que tu energía y tus pensamientos pueden ayudarte a sortear las dificultades de la existencia. Si sigues mis indicaciones, los resultados te sorprenderán.

Capítulo 4

Diviértete en el camino

Un sábado de junio, fui a desayunar a casa de una amiga. Era un hermoso y soleado día y juntas preparamos un desayuno delicioso. Pero mientras que yo me mostraba contenta y relajada, era obvio que ella estaba nerviosa y distraída. Cuando nos sentamos a tomar nuestro café, le pregunté qué sucedía. Me dijo que horas más tarde llevaría a una prueba de beisbol a su hijo Jack, de nueve años, quien ese día iba a enterarse de si ascendería a las "ligas mayores" o permanecería en las "menores". Le preocupaba mucho que Jack no pasara la prueba y se sintiera devastado. Miré al niño de soslayo; escuchaba nuestra conversación desde la sala. Vi temor en sus ojos y sentí su inquietud. Mi amiga volteó y le dijo:

—Jack, hoy lo único que debes hacer es divertirte. No te preocupes por lo que ocurra. ¡Pásala bien y ya!

Era notorio que él quería creer en eso, pero su nerviosa expresión me hizo saber que su miedo a no ser seleccionado era mayor que su deseo de divertirse.

Se marchó a su prueba y cuando regresó horas después, su lenguaje corporal delataba que no había sido escogido. La energía de su tristeza era palpable. En lugar de ignorarlo, me acerqué a él y le dije:

—Comprendo que estés desilusionado. Dime cómo te sientes.

Dejé que se desahogara. Aseguró que era injusto. Que el chico al que habían elegido era de menor estatura y edad que él, y no era tan bueno. Ese episodio negativo desataba en

Jack una energía enorme. Al principio, la maestra espiritual en mí quiso hacer lo que fuera para aliviar esa congoja y lograr que Jack recuperara su buen humor, pero él cavaba cada vez más hondo. Yo no iba a conseguir rápidamente que este chico de nueve años pasara de la desesperación a una felicidad despreocupada.

En situaciones como ésta, es raro que saltemos de la desdicha a la alegría, pero sí podemos salir poco a poco de una energía de baja vibración. A mí me agrada consultar la escala de orientación emocional de Abraham-Hicks (que aparecerá más adelante). La idea detrás de esta escala es que, aunque no puedes pasar pronto de una vibración baja a una alta, sí puedes subir despacio por la escala. Tus pensamientos agradables y alcanzables y tu energía te ayudarán a ascender por la escala hasta que llegues al gozo.

Tus emociones son un indicador directo del grado en que te resistes o cedes. Cuando estás en la energía de la alegría, te permites ser un imán. Cuanto más cerca estás de ella, con más facilidad atraes lo que quieres. Pero ¿qué puedes hacer cuando distas mucho de sentir alegría? En estas condiciones, no es razonable que intentes subir por la escala lo más rápido posible. Si alguna vez has tratado de hacerlo, sabes que es muy difícil. De hecho, intentar pasar prontamente de una vibración muy baja a una muy alta podría provocar que te sientas peor. En circunstancias de negatividad, pensamientos de alta vibración no hallarán eco en ti; los sentirás falsos. Así, en vez de hacer el intento de saltar, tenemos que recuperar el gozo por medio de una guía amorosa. Recuperar el gozo es un proceso delicado que requiere pequeños pasos por la escala emocional.

Esta escala es una lista de emociones frecuentes que van del gozo, el aprecio, la libertad, el amor y la potenciación (el nivel más alto) al temor, la desesperación, la desesperanza, el dolor y la impotencia (el más bajo). La meta es que sepas en qué parte de la escala te encuentras y busques, de manera proactiva, pensamientos agradables que te produzcan emociones igual de gratas. Una vez que te estabilizas en una emoción nueva, ¡has ascendido por la escala! Entonces debes continuar la búsqueda de un pensamiento agradable para que te eleves por la escala a emociones con una vibración más alta.

Las emociones que experimentas se convierten en la energía que emites. Tu energía es importante porque es tu punto de atracción. Así, cuando estás en un bajo nivel de la escala emocional, emites una energía negativa y atraes a personas, situaciones y experiencias que coinciden con esa vibración. A esto se debe que digamos cosas como: "Mi día fue de mal en peor" o "Estoy en una espiral negativa". Siempre atraemos y manifestamos, aun si esto ocurre de modo inconsciente.

Cuando sales de un estado de baja vibración y subes por la escala emocional, tu punto de atracción cambia con cada paso. Si en cualquier circunstancia te inclinas al gozo, cambias literalmente la frecuencia de la vibración de lo que acontece a tu alrededor.

A continuación se enlista la escala emocional elaborada por Abraham-Hicks.

ESCALA DE LA ORIENTACIÓN EMOCIONAL

1. Gozo/aprecio/potenciación/libertad/amor
2. Pasión
3. Entusiasmo/disposición/felicidad
4. Expectativa/fe
5. Optimismo
6. Esperanza
7. Satisfacción

8. Aburrimiento
9. Pesimismo
10. Frustración/irritación/impaciencia
11. Agobio
12. Desilusión
13. Duda
14. Preocupación
15. Censura
16. Desaliento
17. Enojo
18. Venganza
19. Odio/rabia
20. Envidia
21. Inseguridad/culpa/falta de méritos
22. Temor/dolor/desesperación/desesperanza/impotencia

He aquí cómo usé esta escala emocional con Jack, nuestro pequeño beisbolista. Cuando llegó de su prueba, era obvio que se hallaba en un estado de temor, dolor, desesperación, desesperanza e impotencia. Supe que permanecería ahí todo el día, y quizá más tiempo, si algo no lo ayudaba a salir. Así, me senté a su lado para honrar sus emociones con mi compasión y permití que se desahogara. Después lo guie afablemente para que persiguiera pensamientos con los cuales subiera un poco por la escala. Le dije:

—¿Cómo te hace sentir todo eso?

Contestó:

—Muy mal, porque ahora soy el chico de mayor edad en mi equipo de ligas menores.

Su molestia por ser el mayor de su equipo hizo que subiera por la escala, a la inseguridad/culpa/falta de méritos. Le dije:

—Comprendo cómo te sientes. Supongo que estás enojado.

Respondió:

—Sí, muy enojado, ¡porque no es justo! El chico al que eligieron es de menos edad y estatura que yo. ¡Los entrenadores no siguieron las reglas!

Pasó de este modo a la envidia, y muy pronto al odio y la rabia, e incluso a la censura. Lo noté un tanto aliviado cuando subió de la desesperación a la rabia. Es extraño que la rabia represente una mejora, pero posee una energía más positiva que el temor/dolor/desesperación/desesperanza/impotencia. Cuando captamos esto, ¡comprendemos que pasar de la desesperación a la rabia es un progreso!

Cuando Jack dijo que los entrenadores no habían seguido las reglas, supe que ascendía por la escala a la censura, así que lo forcé para que hablara un poco más de eso. Le pregunté:

—¿Qué más te enoja?

Persistió en la censura mientras se quejaba de que los entrenadores no lo habían elegido. Luego, por sí solo, sin que yo lo indujera, se desplazó a la preocupación. Dijo:

—Me preocupa no pasar mucho tiempo en el campo de beisbol, porque van a querer darles a los más chicos la oportunidad de jugar —se alzó de hombros y suspiró.

A esas alturas, Jack había decidido resignarse y no quería hablar más de la situación, aunque era evidente que se sentía un poco mejor luego de que había salido de la desesperación.

Horas más tarde, todos fuimos a ver jugar futbol al hermano menor de Jack. Yo conversaba con su mamá cuando noté que él vagaba sin rumbo. Se acercó a nosotras y dijo:

—Estoy aburrido.

¡Me emocionó mucho escuchar eso! Supe que el aburrimiento era un gran salto por la escala emocional. Al terminar,

Jack regresó a casa con mi esposo, Zach, y yo. Durante el trayecto, Zach lo atrajo a una conversación sobre automóviles, tema que le apasiona. No pararon de hablar de todo lo relacionado con eso, desde el auto de sus sueños hasta pistas de carreras. Percibí gusto y entusiasmo en la voz de Jack. Sus recuerdos de la prueba de beisbol habían quedado atrás. Había subido a la energía de la pasión sin darse cuenta. Abraham-Hicks señala: "La distracción es la forma más rápida de volver a la alineación". Es lógico que ascendamos por la escala emocional cuando nos distraemos con algo que nos hace olvidarnos de la negatividad en la que estábamos sumidos. Si estamos muy estancados y molestos por algo, parecería difícil que otra cosa llame nuestra atención, pero una simple distracción hace milagros. En cuanto dirijas tu atención a otra cosa (por leve que sea), te sentirás mejor.

En la comunidad de los Doce Pasos se asegura que la mejor manera de salir de tu drama es que prestes un servicio a alguien más. Yo he aplicado esta práctica desde hace varios años. Cada vez que descubro que estoy obsesionada con un problema, dirijo rápidamente mi atención a otra cosa y les llamo a mis amigos para saber cómo están. Tomo el teléfono, le llamo a uno de ellos y le pregunto: "¿Cómo estás? ¿Qué puedo hacer por ti?". Tan pronto como asumo la energía del servicio y me concentro en otro, sucede un milagro. El milagro es que mi percepción se modifica y me distraigo de mis dramas. ¡Y lo mejor de todo es que ayudo a otra persona!

Jack se distrajo y esto le dio muy buen resultado. Cuando regresamos, iba y venía por la casa, jugaba con la computadora y hacía bromas. ¡Había recuperado su alegría! Aunque una desilusión previa lo había deprimido mucho, fue capaz de guiarse emocionalmente por la escala y retornar al gozo. ¡Este jovencito había conseguido un milagro!

¡Deja que esta anécdota de Jack te inspire! La siguiente vez que te veas en lo más bajo de la escala emocional, sal en busca de pensamientos y emociones agradables. Puedes subir por la escala paso a paso. Y como lo demuestra este ejemplo, pensar en otra cosa te ayudará a lograrlo. Esto no quiere decir que debas ignorar las emociones difíciles o evitar las situaciones complicadas. De hecho, es justo lo contrario. Si subes por la escala emocional, atraerás con más facilidad el apoyo, soluciones, ideas y cambios de perspectiva que necesitas para resolver tus problemas y superar tus sentimientos en forma productiva.

Examinemos otro ejemplo. Supongamos que decides matar el tiempo en Instagram pero pronto sientes envidia e insatisfacción a causa de la percepción de tu escasez. Bonitas fotos de personas de vacaciones y con ropa de marca hacen que sientas envidia, y vergüenza por experimentarla.

Al final dejas tu teléfono, demasiado enojado para seguir mirando. ¡No temas ese enojo! De hecho, celebra el cambio que representa. El enojo es una emoción con una vibración más alta que la envidia. Pasar de ésta a aquél es clara señal de que subes por la escala emocional. Ahora debes subir más.

A veces puedes dejarte llevar por tus emociones y subir así por la escala de modo natural. Otras, quizá debas ser proactivo y elegir un nuevo pensamiento y energía. Si descubres que has bajado en la escala o que estás estancado en una vibración de bajo nivel, la solución es sencilla. Regresa al método "Elige de nuevo" del capítulo 1 y aplícalo a la escala emocional de este capítulo.

Hagamos una rápida recapitulación del método "Elige de nuevo":

1. Percibe el pensamiento

Cuando descubras que tus pensamientos y energía están desalineados del gozo, pregúntate: "¿Cómo me siento en este momento?". Consulta la escala emocional e identifica el lugar que ocupas en ella.

2. Perdona el pensamiento

Perdona que te hayas desalineado y celebra tu deseo de cambiar. Agradece a tus sentimientos y pensamientos negativos que te hayan mostrado lo que no quieres y revelado lo que deseas.

3. Elige de nuevo y asciende por la escala emocional

Responde esta pregunta: "¿Cuál es el pensamiento agradable que puedo encontrar ahora?". Si estás en un nivel muy bajo de la escala y no se te ocurre nada, pídele al Universo que te guíe hacia ese pensamiento. Recuerda que quizá no tenga nada que ver con la razón del estado emocional en que te encuentras. Una vez que ese pensamiento haga que te sientas mejor, busca otro. Sube despacio por la escala. Pensar en una situación mejor que en la que te hallas te llevará adonde quieres estar. Recuerda que es positivo pasar a otra emoción aun si ésta no parece alegre todavía. No pienses demasiado en este proceso. Abraham-Hicks lo simplifica de este modo: "Lo único que debes hacer es resolver qué quieres y convencerte de perseguirlo". No te compliques la existencia y persigue el siguiente pensamiento agradable que te conduzca adonde quieres ir.

El proceso de perseguir un pensamiento agradable podría resultarte extraño. Quizás eres como yo y has dedicado varios años de terapia a desentrañar viejos temores y recuerdos. O eres alguien que ha tratado de resolver problemas mediante el recurso de experimentar emociones desagradables. Aunque soy una firme creyente en la eficacia de la curación terapéutica tradicional, sé que si emprendo esta sanación desde una posición vibracional alta, no me dejaré atrapar por mis propios relatos. Eckhart Tolle dijo una vez en una entrevista que si te aferras a una experiencia negativa, podrías reconocer que ya no está vigente en este momento. En cuanto decides concentrarte en la seguridad y confianza del presente, el pasado puede disolverse. Con este proceso reconoces tus sentimientos negativos pero no te entretienes en ellos. ¡Esta distinción es importante! La mayoría de nosotros ignoramos nuestros sentimientos o nos sumergimos en ellos. Con este proceso, admites tus sentimientos negativos pero decides pasar rápido a uno mejor.

Para muchos de nosotros, subir por la escala emocional requiere un cambio fundamental de perspectiva. Aunque yo inicié este proceso hace varios años, todavía exploro sus efectos. Está bien que se te dificulte hacerte a la idea de esta escala y el proceso de subirla. Pruébala de todos modos. Es posible que experimentes un gran alivio.

Este procedimiento debe en parte su eficacia a que no es preciso que te fuerces a recuperar la alegría para reclamar tu impulso positivo. Sólo debes ser sincero acerca de lo que sientes y elegir el siguiente pensamiento agradable. Tu disposición a sentirte mejor te sacará de la desesperación y te llevará al gozo. Lo esencial para que asciendas por la escala es que te permitas experimentar lo que en verdad sientes. Cuando nos estancamos en una emoción, la razón de que no salgamos de ella es a menudo que no estamos dispuestos a reconocer lo que sucede. En cuanto honras tus sentimientos verdaderos, experimentas alivio y puedes transitar a una posición vibracional nueva.

Practica esto con regularidad. Cada vez que notes que estás estancado en pensamientos y energía de bajo nivel, consulta la escala emocional, elige de nuevo y guíate para recuperar un nivel alto. Siempre que eliges de nuevo y persigues el pensamiento agradable inmediato, subes un poco por la escala y te alineas con las vibraciones jubilosas del Universo.

BUSCA LA ALEGRÍA EN TODA SITUACIÓN

Nuestra resistencia a la dicha nos impide atraer lo que deseamos, sea lo que fuere. Cuando encarnamos una energía de alegría, abandonamos nuestras resistencias. Reconozco que es difícil hallar gozo en situaciones aparentemente carentes de él, pero es mucho más triste vivir sin regocijo. Muchos de nosotros vivimos inadvertidamente de esa manera, sea que fijemos la atención en lo que no da resultado o nos quejemos frecuentemente de nuestras circunstancias. Suponemos que si nos quejamos, nos sentiremos mejor, o encontraremos al menos un oído comprensivo. Pero si nos concentramos en lo improductivo, obtendremos más cosas improductivas.

Uno de los medios más rápidos para que te eleves por la escala emocional es que lleves a cabo algo que te haga sentir bien. Si yo tuve un mal día, elijo algo de música, me pongo los audífonos y salgo a dar un paseo o voy al gimnasio. La experiencia me ha enseñado que aun si las cosas no salen como las planeé, es posible que me divierta. De hecho, entre más me divierto, más cerca estoy de atraer lo que quiero. En ocasiones debemos olvidarnos de nuestros deseos para atraerlos a nuestra vida. No es que dejemos de tenerlos; siempre están con nosotros. Sólo que concentrarse en su ausencia los desvía, mientras que divertirnos nos acerca a su recepción. Si olvidas tu deseo y rediriges tu energía hacia el gozo, transitas a un punto de atracción más positivo. Piensa en la última vez que te obsesionaste con algo; probablemente no te produjo alegría. Dirigir tu atención a lo que no tienes genera resistencia. Suelta esa resistencia y redirige tu atención a algo divertido que te distraiga. Podemos hallar diversión aun en los actos más simples. Haz ejercicio, llámale a un amigo, resuelve un crucigrama o pasa tiempo de calidad con tu hijo y juega con él. Una actividad que te procura satisfacción, dicha, calidez, emoción o felicidad es divertida. Tan pronto como te inclines a una experiencia divertida y alegre, subirás por la escala emocional.

Una manera sencilla de que te diviertas durante el día es que les sonrías a los demás y entables con ellos conversaciones casuales. Yo hablo con todas las personas que se cruzan en mi camino. Cuando voy por la calle y veo a una madre con su hijo, me aproximo y alabo la belleza del chico. O inicio con un desconocido una conversación acerca de cómo le fue ese día. Estos momentos espontáneos de conexión nos aportan mucha felicidad a todos. Y aun si no eres como yo y no conversas con personas al azar, sonríele a alguien de camino al trabajo u ofrece un café a un compañero. Aparentemente insignificantes, estos momentos de conexión nos catapultan de regreso a nuestra genuina naturaleza amorosa. Encarnar amor y alegría es justo en lo que consiste ser un imán. Cabe insistir en que no es difícil que reclames tu conexión como imán. Basta para ello con un momento de felicidad.

En vez de buscar esas oportunidades de sentirnos bien, es común que reprimamos la plena expresión de nuestra alegría debido a nuestra concentración en un resultado. Si fijamos nuestra mente en un resultado específico que creemos desear, sufriremos cuando intentemos forzarlo. No toleraremos sentir felicidad, satisfacción y relajamiento hasta que podamos tachar esa meta en la lista. Y aun si la cumplimos, apuntaremos al instante a la tarea siguiente. Vivir en persecución de un logro tras otro es un patrón adictivo que nos impide disfrutar de la abundancia de la vida. Cuando hacemos de la diversión una prioridad y nos olvidamos del resultado, dejamos de quejarnos y atraemos. Pese a ello, yo veo que muchas personas se aferran a la idea de que el gozo es resultado de sus logros, ¡cuando sucede justo al revés! La meta no es que consigas algo sino que te diviertas en el camino a lo que quieres. ¡Asumir la energía de la alegría es la forma más rápida de alcanzar el éxito! Por ejemplo, si deseas atraer a una pareja, diviértete con las apps de contactos o en una cita a ciegas. Esto es cierto aun si crees que cierta pareja en particular no es para ti; de todas formas puedes aprender muchas cosas nuevas e interesantes de ella o de ti mismo. Si imprimes gozo en el proceso, mantendrás un punto de atracción positivo, lo que contribuirá a lograr que se manifieste la pareja que deseas. Tu energía divertida no carece de sensualidad ¡y se dejará sentir en cada cita (e incluso a través de esas apps)! No hay nada más atractivo que una persona que se divierte.

Si quieres que se manifieste un nuevo empleo, busca el modo de divertirte más en tu trabajo actual. La energía positiva que inviertas en tu empleo, sea cual fuere, abrirá la puerta a nuevas oportunidades. Esto podría parecer contraintuitivo, sobre todo si tu empleo actual no te gusta. Podrías pensar: “¿Cómo es posible que disfrute este sitio? ¡Odio mi trabajo!”. Pero buscar uno mejor requerirá tu energía de atracción, así que deberás cambiar de perspectiva respecto a tu empleo presente. ¿Podrías ser más amable con tus compañeros, aportar más ideas y entusiasmo en las reuniones, hacer de tu escritorio/oficina un espacio de más alta vibración? Cuando realices estos cambios, te sentirás mejor en tu situación presente y todas las personas a las que tratas se sentirán mejor contigo. Con base en esta actitud de energía positiva, ¡atraerás más rápido ese nuevo puesto!

Si estás desalineado del bienestar físico que anhelas, vuelve divertido tu proceso de sanación. He tenido éxito para curarme cuando opto por la diversión mientras preparo alimentos medicinales y practico el cuidado de mí misma. Un conmovedor ejemplo de esto es Jenny, mi mejor amiga, quien ayuda a su padre, Ray, a sobrellevar su quimioterapia. Ray ha mantenido una actitud positiva en cada paso. Se presenta a su tratamiento entusiasta y optimista. Les hace bromas a las enfermeras y contribuye así a conservar un ambiente ligero. Además, pasa tiempo con Jenny investigando acerca de alimentos curativos que lo nutran. La actitud de Ray no sólo facilita la experiencia; también envía un mensaje a cada célula de su cuerpo de que ha renunciado a toda resistencia a sanar. Su regocijo elimina obstáculos, apoya a su cuerpo y mente y lo mantiene abierto a posibilidades curativas creativas.

Que tu prioridad sea divertirte aun si las cosas no salen como las planeaste o tus manifestaciones no han llegado todavía. Confía en que cuanto más te diviertas, más acelerarás el proceso de la manifestación. Si te diviertes en el camino, tu energía transitará a la certidumbre. Cuando el gozo es tu estado normal, adquieres la certeza de que todo saldrá bien aun si el resultado final es diferente al que planeaste. Aprenderás a depender de tu capacidad para tener acceso a la alegría en lugar de necesitarla de una fuente externa. Ningún romance, monto de dinero, título académico o logro podrá darte jamás la sensación de certidumbre que tu gozo puede proporcionarte. Cuando practicas la diversión en el camino, el Universo te apoya. El apoyo, flujo y sincronía que recibes de él hará que sientas una certeza profunda. Elegir la diversión te recordará que una omnipresente fuerza de amor te guía. Esto te hará sentir en libertad de que dependas del Universo y confíes en que la dicha despejará el camino.

Quizá pienses: "¿Cómo es posible que encuentre motivos de júbilo cuando estoy tan deprimido?". Recuerda que el gozo no se consigue de golpe. Sube paso a paso por la escala emocional. Abraham-Hicks dice: "No permitas que ninguna situación en la que te encuentres te atemorice". Permite que te inspire. La energía en la que te sitúas ahora te da claridad sobre lo que verdaderamente deseas.

EL GOZO ABRE PUERTAS INVISIBLES

Uno de mis pasatiempos favoritos es cocinar. Soy una chef autodidacta e "intuitiva". No uso recetas y he inventado mis propias técnicas. Me siento libre en la cocina, y cocinar se ha vuelto para mí otra forma de meditación. Desde hace varios años documento mis platillos en las redes sociales, con fotografías y textos en blogs, así que cuando salió Instagram Stories estuve lista para la carrera. Casi todas las noches presento tutoriales en video de lo que haré de cenar, los cuales llamo el Gabby Cooking Show. Cada receta que comparto me hace feliz. Incluyo los mantras que escucho mientras cocino, y la diversión que obtengo llega hasta las pantallas de teléfonos de miles de espectadores en todo el mundo.

Inicié el Gabby Cooking Show por puro gusto. Era una expresión auténtica de mi pasatiempo preferido. Después de presentarlo con regularidad durante varios meses, pasaron cosas muy interesantes. Recibí correos de fabricantes de alimentos que querían donar aparatos de cocina para mi programa. En mis eventos, se acercaban personas que me decían que mis ideas culinarias les agradaban. Una noche sucedió algo curioso en la fiesta de una amiga. Una joven se aproximó a mí desde el otro lado de la sala; daba la impresión de que le emocionaba verme. Pensé que era una lectora que quería comunicar su experiencia de uno de mis libros, pero para mi sorpresa dijo: "¡Eres la conductora del Gabby Cooking Show! Me encanta tu programa". ¡Vaya que me hizo reír! Me asombró mucho que, entre tantas cosas que he hecho en mi carrera, ¡se me reconociera por un pequeño programa en Instagram que comencé por capricho!

Date hoy un poco de tiempo para hacer algo que te brinde alegría. Busca tu propio Gabby Cooking Show. Haz algo que te ilumine y ve cómo lo apoya el Universo. Dirás que no tienes tiempo para eso... Primero, que te sientas bien tiene que ser una prioridad; te lo debes a ti mismo y a quienes te rodean. Segundo, requieres unos minutos apenas para cosas como escribir tu diario, meditar, dar un paseo, escuchar tu canción favorita o conversar con un compañero de trabajo o vecino. Suspende durante por lo menos dos minutos al día los incesantes sistemas de creencias fundadas en el miedo que te mantienen en la negatividad. Te bastará con ese par de minutos. Recuerda que en cuanto te inclinas a la dicha, subes por la escala emocional.

Si introduces alegría en una situación, alterarás la frecuencia vibracional de lo que sucede en torno tuyo. Prueba esto: la siguiente vez que te fastidies en una reunión larga o te enfrasques en chismes durante el almuerzo, haz una broma. Aporta alegría al entorno; verás que la energía cambia en la sala y te convertirás en un agente transformador. Recuerda las mañanas en las que llegas de buen humor a la oficina; estoy segura de que la gente te trata con más amabilidad y vibraciones más altas entonces que cuando te presentas con una mala actitud. Puedes cambiar la energía que te rodea si optas por la alegría. Aun si los demás no se encuentran en el mismo estado, los llevarás contigo. Siempre que aportas una energía de alta vibración a alguien con una vibración baja, lo elevas. Es común que lo más importante no sea lo que dices o haces sino la energía que emanas. ¡Sé la persona que ilumina la habitación!

PORTA UNA LÁMPARA

Muchos de mis alumnos me preguntan cómo pueden conservar su alta vibración cuando están rodeados por personas estancadas en la negatividad. Respondo: "Lleven siempre consigo una lámpara". Esto te recordará constantemente tu capacidad para irradiar luz incluso en medio de la oscuridad ajena.

Irradiar luz es la mejor manera de lidiar con la negatividad. En ocasiones creemos que la forma más efectiva de ayudar es la conmiseración, pero ésta sólo empeora las cosas. Si alguien sufre, no debes bajar tu energía para ayudarle a que se sienta mejor. ¿O acaso te sientes mejor cuando te tienen lástima? Lo más probable es que no. La lástima tiende a perpetuar nuestro malestar y a acentuar la sensación de impotencia. Pensamos: "*Seguro* las cosas están mal como para que también esta persona reaccione así". En vez de que te compadezcas de alguien, enciende tu lámpara interior, preserva tu alta vibración y devuelve la paz a esa persona a través de tu presencia positiva. Tu alta vibración iluminará su mundo. Cuando te alineas con la energía del gozo, te vuelves un portador de luz para todos con quienes tratas, y los inspiras para que brillen a tu lado. Sé una fuente de luz en el mundo mediante el simple recurso de asumir la energía de la alegría. En presencia de tu júbilo, otros reconocerán el suyo propio.

CALIBRA TU ENERGÍA EN UNA FRECUENCIA POSITIVA

Toda la grandeza que he atraído ha sido por una alta energía vibracional. En 2015 me propuse medir mi éxito según lo mucho que me divertía. En varios de mis libros he escrito sobre el poder de la diversión y el campo magnético del gozo, y desde hace mucho tiempo he dicho que la felicidad es una decisión, aunque en fechas recientes la convertí en una prioridad más alta todavía. Empecé a sentir entonces que la felicidad fluía de verdad en mi vida. Acepté que puede ser una sensación con la que sintonizo todo el tiempo, no sólo en momentos fugaces. Este gran cambio ocurrió cuando decidí consagrarme a mi bienestar y me comprometí con el poder del pensamiento positivo, la disminución del estrés y el abandono de la resistencia. Vivir con sinceridad estas prácticas permitió que recalibrara mi energía. Ya no persigo momentos de alivio; ahora siento el flujo del regocijo todos los días.

En mi caso, el cambio se desprendió de la decisión de no justificar más mi dolor. Honré mi sufrimiento pasado pero decidí no permanecer en él. Decidí renovarme y aceptar la alegría como mi derecho natural. Esta novedad se hizo presente en mi trabajo, mi matrimonio y mi salud. Tan pronto como decidí vivir con tranquilidad y alegría, mi existencia cambió para siempre. En un corto periodo, me sentí una persona nueva. Nunca había sido tan feliz como ahora. Te lo digo porque sé que este milagro también te espera a ti. Si fuiste guiado a este libro es porque tienes un fuerte deseo de sentirte mejor. Basta con ese anhelo para que experimentes un cambio milagroso. Hoy puedes decidir que recalibrarás tu energía y te comprometerás con el amor y la dicha. En un solo instante puedes elegir un mundo que está más allá de tu temor. Sé que esto es cierto porque muchas personas se han acercado a mí para comunicármelo. Cuando emprendes una senda espiritual, ocurre un cambio, lo sepas o no. Y si te estancas en el camino pero sigues comprometido con tus prácticas, un día despertarás y serás una nueva persona.

Recibe con gusto tu renovación. Si te has dado tiempo para aplicar siquiera uno de los principios de este libro, ya estás renovado. Estos métodos recalibran tu energía y hacen que subas por la escala emocional. Incluso el cambio más simple es suficiente para que emprendas un nuevo camino. Presta atención a tu renovación y celebra cada cambio, por mínimo que sea. Celebra los momentos en que decides relajarte en lugar de presionarte más, en que perdonas antes que agredir, en que optas por una emoción agradable y piensas cómo salir de la desesperación. Estos momentos aparentemente menores son milagrosos. Enorgullécete de cada cambio milagroso. Da gracias por tu compromiso.

SÚBETE A LA OLA DE LA POSITIVIDAD

Aun el más leve cambio en tu energía bastará para que redirijas su flujo hacia el gozo. Cuando sientas ese cambio, permite que se apodere de ti. Llévalo más lejos y siéntelo lo más posible. En cuanto advierto que mi energía está un poco más cerca del amor y la dicha, busco más. Siento las buenas vibraciones y dejo que me sacudan con más fuerza. Busco conscientemente más pensamientos positivos. Esto suele suceder cuando viajo en coche por el campo mientras escucho música con mantras. Mi paso por campos y bosques me llena de asombro en medio de la música. Cuando experimento esta sensación, me dejo llevar por el impulso y mantengo el flujo de las buenas vibraciones. Pienso en lo agradecida que estoy de vivir en una comunidad apacible y en lo mucho que me agrada manejar hasta la granja local para elegir los alimentos que consumiré durante la semana al tiempo que me siento libre al volante. Pienso en la cena que cocinaré más tarde y en lo mucho que mi esposo la apreciará. Llego incluso más lejos: envío vibraciones amorosas a mis amigos en la comunidad y celebro las magníficas relaciones que he establecido. Además, reconozco mi compromiso de servir al mundo. Permito que la felicidad me atraviese. Dejarme llevar por este impulso me divierte muchísimo.

En la siguiente ocasión en que sientas que tu energía se calibra hacia el amor, súbete a la ola de la positividad y llévala más lejos. Permite que tus pensamientos fluyan con creciente alegría. Busca más emociones agradables. Lleva esta práctica tan lejos como puedas. Móntate en la ola de la positividad y no te detengas. La meta es que te sientas bien, así que cuando lo consigas, ¡no pares!

INSPIRA A OTROS Y HAZ LO QUE TE INSPIRA A TI

Quizá te resistas todavía a la idea de que divertirte es una de las cosas más importantes que puedes hacer. Esta reacción es normal. Muchos nuevos estudiantes de la espiritualidad temen que su senda espiritual se vuelva egoísta. Se sienten culpables si se toman tiempo para divertirse y no se disculpan por sus deseos. Pero una de las principales lecciones que he aprendido de Abraham-Hicks es que en nuestra práctica debemos ser egoístas. "Egoísta" no es en este caso un concepto negativo. Este egoísmo no perjudica a nadie ni significa que descuides a los demás en ningún sentido. No obstante, requiere que pongas tu satisfacción en primer término. Debes hacer de tu alegría tu prioridad más alta. Si eres egoísta con tu bienestar, prestarás un gran servicio al mundo. Esto se debe a que entre más gozo encarnes y más permitas que la inspiración pase a través de ti, mejor servirás a los demás. No podemos ayudar ni elevar a nadie en condiciones de resistencia y baja vibración. El mayor don que podemos ofrecer es nuestra energía positiva. Así, te aliento a que seas más egoísta en cómo quieres sentirte. Confía en que cuanto más feliz e inspirado estés, más darás a tus familiares, amigos, compañeros de trabajo y miembros de tu comunidad.

Vivimos una época en la que debemos dar más positividad y luz al mundo. Todo aquel que emprende una senda espiritual se ha comprometido a servir. El primer servicio es la energía que aportas. Un gran cambio en el mundo no puede provenir de la desesperanza; debe provenir de nuestra alegría e inspiración. Cuando hacemos de la alegría una prioridad, se nos ocurren ideas brillantes, el apoyo abunda y damos forma a los movimientos. Las personas en verdad felices son realmente útiles.

Cuando sabes que vivir en el gozo es increíble, no tienes otro remedio que esparcirlo. Cuando encarnas esa energía, quitas el velo de un mundo de temor para revelar uno lleno de luz. Ésta será la práctica del capítulo siguiente. Te enterarás en esas páginas de que existe un mundo más allá de las percepciones aprensivas de las que dependemos: un mundo de paz, libertad y luz. ¡Anímate a levantar el velo!

Capítulo 5

Levanta el velo

Cuando era niña, tenía plena conciencia de que existía un mundo que estaba más allá de mi vista física. Creía en los ángeles y las hadas y era muy intuitiva. En nuestra infancia no hay ningún velo que separe el mundo físico de la esfera espiritual. Por eso es común que oigas a los niños hablar de ángeles o conversar con amigos imaginarios. Incluso hacen referencia a vidas pasadas o predicen intuitivamente algo que es imposible que supieran. En ese estado de inocencia, perciben un mundo que rebasa las limitaciones del cuerpo y miran con una vista espiritual.

De niña confiaba en mí y en un poder superior. Con el tiempo, esa fe me fue arrebatada por los temores del mundo, cada vez más intensos. Me sentía sola, insegura y asustada en un mundo lleno de temor y límites. Con frecuencia me apartaba del amor del Universo. El divorcio de mis padres, los abusos que sufría en el patio del recreo y mis ocasionales malas calificaciones en la escuela fueron algunas de las experiencias de ruptura que resultaron en mi aprensiva visión del mundo.

Cuando crecemos, nuestro acceso a la esfera espiritual se dificulta. Tejemos un velo entre la esfera universal del espíritu y el mundo físico del que dependemos. Nos identificamos con nuestro cuerpo, no con nuestro espíritu. Nuestros padres, maestros y otras personas nos enseñan, e incluso nos alientan, a hacer ese cambio. Conforme maduramos, casi todo y todos confirman la existencia de un mundo de separación y temor. Cada idea fundada en el miedo a la que nos exponemos refuerza nuestra creencia en el mundo físico y nos aleja de la esfera espiritual.

En mi caso, lo bueno fue que por más que me haya extraviado en el miedo del mundo, siempre supe que había algo más allá de lo físico. Saber esto me salvó de que me sintiera sola y a la deriva. Aun en mis peores momentos, creía que gracias a la conexión espiritual todo es posible. Como estudiosa de la espiritualidad, he adoptado la devoción diaria de levantar el velo del mundo físico y recordar la luz de la esfera espiritual. Esta diaria devoción me ha concedido una paz enorme en medio de las tensiones y confusiones que todos padecemos. La práctica de usar mi vista espiritual es ya un hábito. Me recuerda que el Universo me orienta y devuelve mi pensamiento al amor. Sin esta conexión espiritual, me habría perdido en el mundo de las proyecciones aprensivas.

Uno de los recursos que han preservado mi compromiso con la vista espiritual es el acto de escribir. En la última década he escrito siete libros de principios espirituales. En esas obras he intentado traducir y esclarecer la espiritualidad, a fin de que cualquier persona la entienda. Aunque considero que eso ha sido muy útil, mientras escribo este libro me siento llamada a tocar el tema de la metafísica. Cada palabra que escribo me recuerda lo que sé que es cierto. Haber canalizado esas palabras en esos libros me llena de alegría, porque es un proceso que levanta el velo entre las esferas terrenal y espiritual. Para que nos aceptemos como imanes, debemos abrazar un mundo más allá de la simple lógica y razón. Debemos estar dispuestos a no disculparnos de lo que para nosotros significa nuestra fe en el Universo.

Quiero guiarte para que levantes el velo entre el mundo de la percepción y el de la conexión espiritual. Del otro lado del velo del mundo fundado en el temor te esperan milagros.

No los has obstruido; simplemente no los has buscado. La lección 91 de *Un curso de milagros* dice: "Los milagros se perciben bajo la luz".

Un curso de milagros enseña:

> Los milagros están siempre ahí. Su presencia no depende de tu visión; su ausencia no es producto de que no veas. Lo único afectado es tu conciencia de ellos. Los verás bajo la luz; no los verás en la oscuridad.

Es hora de que veas bajo la luz.

Mientras continuemos convencidos de que el mundo físico es nuestra única realidad, los milagros seguirán sin verse. Se nos ha alentado a concentrarnos en este mundo físico, lo cual ha generado en nosotros el hábito de negar la luz. Así, nos hemos cegado. Todo lo que percibimos es la oscuridad que hemos creado. Desde la niñez hemos forjado una visión del mundo fundada en el temor, el distanciamiento, la crítica y la escasez. Es como si viviéramos una pesadilla, pero bastaría con que encendamos la luz para que reconozcamos que se trata sólo de un mal sueño.

La creencia en nuestra percepción de nosotros mismos, nuestro cuerpo físico y los temores del mundo dificulta que creamos en el amor. Nos sentimos inseguros, expuestos a enfermedades, agresiones y penurias. La fe en el cuerpo nos mantiene sumidos en el temor. Creemos en situaciones de enfermedad, trauma, privación y odio. Creemos en las razones del distanciamiento, porque nos sentimos superiores a unos e inferiores a otros. Estos sistemas de creencias se presentan cuando nos desconectamos del amor del Universo. Un pensamiento de separación lleva al siguiente, hasta que se multiplican en nuestra cabeza. *Un curso de milagros* sugiere que nos bastó con la "pequeña mala idea" de que estamos separados del Universo para que nos apartáramos toda la vida del amor. Esa pequeña mala idea es la de que estamos separados del amor del Universo, o de Dios, como diría el *Curso*. Cuando tomamos en serio esa mala idea y la creemos cierta, decidimos que el amor del Universo no es suficiente. Optamos por creer que podemos crear amor con base en un mundo dual. Cuando elegimos esa pequeña mala idea, damos la espalda al amor del Universo. El ego nos convence entonces de que estamos inseguros, y de que nos corresponde formar un mundo y un sistema de pensamiento que nos hagan sentir bien. Peor todavía, nos sentimos culpables porque nos hemos apartado de nuestra verdad, que es el amor. Elegimos creer en la identidad de un yo aislado, lo que hace que creamos en un mundo desconectado del amor. Tan pronto como tomamos en serio la pequeña mala idea de la separación, optamos por un mundo de temor sobre el amor.

La solución a ese temor es que levantemos el velo y veamos a través del cristal del espíritu. Cuando lo hagamos, recordaremos que estamos seguros, sanos y protegidos. Cuando aceptamos que existe un mundo de amor y apoyo más allá de la esfera física, nos vemos como espíritus que tienen una experiencia humana. Esta percepción espiritual nos da enorme paz, amor y alegría. Éste es el concepto del cielo en la Tierra, de acuerdo con el cual vivimos en el mundo pero pensamos con las ideas del cielo.

Cuando percibimos un mundo de separación, inconscientemente nos sentimos culpables de haberle vuelto la espalda a lo que *Un curso de milagros* llama el amor perfecto. Cada pequeña mala idea de separación contribuye a un mundo irreal desconectado del genuino amor a lo que somos. Nos llenamos de odio contra el yo aislado en que nos hemos convertido, porque en un nivel inconsciente nuestra creencia en la separación nos vuelve culpables, solos y defensivos. Estas creencias componen el velo que oculta nuestra verdad de imanes y el amor a lo que somos.

Como explica *Un curso de milagros*, las pequeñas malas ideas de separación no son el problema. El problema es el modo en que respondemos a ellas. Cuando respondemos con miedo a pensamientos fundados en el temor, perpetuamos la separación del amor. Todos los días optamos por inclinarnos a pequeñas malas ideas de distanciamiento con creencias como “No tengo suficiente”, “Todos están en mi contra”, “Soy mejor que ellos”, “No soy digno de ser amado”, etcétera. Desde que despertamos, elaboramos un mundo irreal de separación y nos apartamos de nuestra verdad.

La pregunta es: ¿por qué no levantamos el velo? Si del otro lado hay luz, amor y verdad, ¿qué esperamos? ¿Por qué hemos tardado tanto tiempo en hacerlo?

La respuesta es que encender la luz nos aterra. ¿Qué sería de nosotros si no fuéramos un cuerpo varado en los dramas del mundo que hemos creado? Dependemos de las percepciones que hemos acumulado contra el amor, y con ellas nos protegemos de la decepción y la pena. Si levantáramos el velo al amor y nos libráramos de nuestras percepciones terrenales, ese dolor se disolvería.

Aun con mi fe en la esfera espiritual, a menudo me desafía mi percepción de mi concepto de mí misma, mi cuerpo y la separación del amor. Un mes antes de que empezara a escribir este libro, llegué a un punto muy bajo en mi vida. Llevaba varios meses con un padecimiento intestinal no diagnosticado. Me dolía mucho el estómago, no podía comer nada y me obstiné en buscar soluciones. Dediqué incontables horas a investigar mis síntomas en Google y a diagnosticarme, terrible idea que no le recomiendo a nadie. Rezaba y meditaba, pero mi miedo era más intenso que mi fe, y mi obsesión con mi cuerpo no cedía. Al final, luego de varios meses de estudios, obtuve una respuesta acerca de mi afección. Esta claridad me dio al principio cierto alivio, pero casi de inmediato me concentré en la forma en que sanaría. Sabía en el fondo que mi obsesión con mi cuerpo perpetuaba el problema. Así, empecé a pedir alivio.

Mis oraciones fueron atendidas durante una comida con mi amiga y maestra Marianne Williamson. Ella me preguntó cómo me iba y le lancé un monólogo sobre el dolor y sufrimiento por los que pasaba. Le dije que por fin había recibido un diagnóstico, pero me quejé de que tardaría mucho en recuperarme. Emitía una energía frenética, y ella advirtió mi temor. Me miró a los ojos y dijo: "Estás obsesionada con tu identificación con el cuerpo". Me recordó que podía identificarme con la parte de mí que pasaba por esa dificultad (el cuerpo) o con la que *no* pasaba por ella (el espíritu) y que el cuerpo sana cuando no le hacemos caso.

Las palabras de Marianne me devolvieron a la verdad y a una lección de *Un curso de milagros* que dice: "No soy mi cuerpo. Soy libre". Aceptar este concepto me costó mucho trabajo justo cuando mis síntomas físicos estaban tan activos, pero supe que mientras me identificara con mi cuerpo, mis síntomas no desaparecerían. Examiné con más detenimiento cómo había aparecido esa dolencia física. Una serie de momentos de separación y desamor me habían hecho sentir mucho estrés. Este estrés dirigió mi atención hacia el mundo, mi cuerpo y mi falsa percepción de mí fundada en el temor. Olvidé mi verdadero propósito, que es el de ser amor y propagar amor.

Seguí el consejo de Marianne y me identifiqué con el espíritu. No por esto dejé de tomar medicamentos ni de aplicar un protocolo de salud, pero me olvidé de mi cuerpo, que era lo que me mantenía en la oscuridad. Pedí verme bajo la luz. Medité en la visión de levantar el velo y estar bajo la omnipresente luz del Universo. El paso de la identificación con el cuerpo a la identificación con el espíritu me dio fe en mi capacidad para atraer una buena salud. Seguí prácticas diarias de devoción para levantar el velo y atravesar el puente de mi percepción del mundo a un mundo de luz. Recuerdo todos los días que "los milagros se perciben bajo la luz". Cada oración me acerca más a ella, cada meditación redirige la frecuencia de mi energía hacia la luz y cada pensamiento amoroso despeja el camino de regreso a la luz. He aceptado que el amor que llevo dentro revela mi luz. No tengo que disipar la oscuridad; sólo debo elegir ver bajo la luz.

Sé que en el fondo de tu alma comprendes la diferencia entre la identificación con el cuerpo y la identificación con el espíritu, pero en un nivel terrenal te resistirás a ella. *Un curso de milagros* dice: "Parece una locura cuando te dicen que algo que no ves está ahí. [...] Has depositado tu fe en la oscuridad, no en la luz". Entiendo a la perfección esta batalla existencial entre el mundo de la oscuridad y la esfera espiritual de la luz. Vivo aún demasiado inmersa en un mundo que no deseo ver: un mundo de agresividad, odio, enojo y rencor. Un mundo de dificultad, dolor, desilusión y sufrimiento. Pero he terminado por creer que la única salida de ese mundo de oscuridad es optar por ver la luz con la mayor frecuencia posible. Ver la luz es una práctica, y requiere disposición a suspender la incredulidad. Debemos adoptar el hábito de ver bajo la luz.

Cuanto más sintonizamos con la visión de la luz, más se desvanece la percepción de la oscuridad. *Un curso de milagros* habla incluso de "episodios de luz". Hace varios años, yo leía el *Curso* en la playa; dejé el libro sobre mi regazo y contemplé el mar. Mientras observaba la franja donde el agua se encuentra con la arena, advertí en el cielo un marco rectangular de luz brillante. Era como si mirara el océano a través de ese marco de luz. Al principio me asusté, pese a que la vista me dio confort. Cuando se disipó, volví al libro y me encontré con este pasaje:

> Lo comprenderás cuando veas pequeños contornos de luz en los objetos conocidos que ves ahora. Éste es el principio de la verdadera visión. [...] A medida que avances, es probable que tengas numerosos "episodios de luz".

Sonreí a sabiendas de que hay un mundo que rebasa mi vista física. Desde entonces he tenido muchos episodios de luz. Veo chispas radiantes, y rayos que danzan en el aire como laminillas de oro. A menudo veo luz cuando medito. Cuando me sereno y realineo con el Universo, la luz se me revela como una sensación interior muy profunda. Adoro estos episodios de luz porque me recuerdan que no soy mi cuerpo; soy libre.

Hoy busco la luz dondequiera que voy. No puedo bloquearla, pero con frecuencia me desvío hacia el temor y olvido buscarla. Siempre está ahí y puedo verla si lo decido. Espero que tengas tu propia experiencia de episodios de luz. Deseo que conozcas el auténtico significado de vivir en este mundo pero pensar con las ideas del amor. Quiero que seas capaz de tender un puente entre el mundo de la percepción y el mundo de la luz. Y deseo que lleves esa luz al mundo de la percepción, para que contribuyas a ampliar nuestra limitada visión e iluminar la oscuridad. Cuando vivimos en la luz, recordamos que poseemos poder como imanes. Sabemos que podemos entrar en contacto con una presencia de fuerza, sabiduría y paz que está más allá del mundo.

No te asustes. Te dije que tocaría el tema de la metafísica. Emplea ahora mismo la parte de ti que cree en la luz, o que quiere creer en ella. Esto guiará tu inicio en la aventura de eliminar la percepción de la oscuridad y recordar la luz. Si te resistes a cualquier sección de este capítulo, sintoniza con tu parte que cree en el amor y permanece abierta a una nueva perspectiva.

Tendemos a complicar nuestra práctica espiritual cuando en realidad es muy sencilla. Lo que la complica es nuestra resistencia. Pospón tu incredulidad, así sea sólo en este capítulo, y deja que te ayude a recordar la luz. Es hora de que levantes el velo. Sigue mis indicaciones y no te compliques la existencia.

NO TE CRITIQUES PORQUE PERCIBES LA OSCURIDAD

Comencemos por deshacernos de toda autocrítica o autoagresión. He visto que muchas personas se critican porque se desviaron en el temor y la oscuridad. Recuerda que la luz nunca te ha abandonado. El mundo de oscuridad que percibes no pasa de ser una serie de pequeñas malas ideas y momentos de desamor que te han desconectado de la luz que eres. Acepta ahora que la oscuridad y el malestar han representado grandes oportunidades para acercarte al espíritu. Rechaza el temor del mundo que antes aceptabas. Perdona todas las formas en que has elegido creer en la oscuridad. Perdona tus pensamientos agresivos, perdona tus críticas de ti mismo, perdona tus malas obras y perdónate porque temías a la luz. Recuerda lo que el *Curso de milagros* enseña: "Los milagros se perciben bajo la luz". En el instante mismo en que optes por desplazar tus pensamientos del temor al amor, experimentarás un milagro. Perdona tus pensamientos aprensivos para que retornes al espíritu.

DECIDE VER BAJO LA LUZ

Cada vez que te enganches en las percepciones del mundo físico, pregúntate: "¿Deseo ver esto en la oscuridad o deseo verlo bajo la luz?". Si estás dispuesto a hacerte esta pregunta, también lo estás a elegir la luz. Cuando te haces esa pregunta, invitas a una presencia espiritual, que está más allá de ti, a que guíe tus pensamientos de regreso al amor. Esa pregunta es una petición de ayuda. Es un recordatorio de que existe un mundo más allá de tu vista física, un mundo más allá del miedo, un mundo más allá de los límites, un mundo brillante. La visión de la luz está a la espera de que la escojas. Decide conscientemente ver bajo la luz durante todo el día. Vuélvelo un hábito.

Muchos milagros emergen cuando tomas esa sencilla decisión. Hace poco experimenté un cambio milagroso cuando elegí ver bajo la luz. Una tarde recibí un correo electrónico de alguien que estaba inquieto porque había encontrado un artículo ofensivo en mi contra en la página de Facebook de un tercero. Una mujer había escrito una larga perorata según la cual yo era una farsante. ¡Imagina la devastación que sentí cuando lo leí! Lo que más me dolió fue que también otras personas habían hecho comentarios. Decían cosas como "Por fin alguien habla claro contra Gabby".

No acostumbro a reaccionar con odio en internet. Me enorgullezco de tener una práctica que llamo "Perdonar y borrar". Pero esa nota me alteró. Pasé varias horas sumida en las tinieblas de esa negatividad. Leí otras notas adversas en la página de esa mujer, me puse a la defensiva y me deprimí. Horas después, todavía muy deprimida por ese texto, mi esposo me preguntó:

—¿Aún te obsesiona eso?

Contesté:

—Sí, no me lo puedo quitar de encima.

Me miró con compasión y añadió:

—Deja de leer los textos negativos de esa mujer y ayuda a las personas que quieren saber de ti. Empieza con los miles de mensajes directos en tu buzón en Instagram.

Éste fue el milagro. Me sentí muy aliviada en cuanto mi esposo sugirió que cesara de ver la oscuridad y viera la luz. Le pedí que me indicara dónde se ubicaban los mensajes directos en Instagram (¡no lo sabía!). ¡Ignoraba que la luz estaba ahí porque no la había buscado! Dediqué los días siguientes a responder a bellas anécdotas, testimonios y mensajes de personas del mundo entero. La gente me había mandado notas de gratitud, oraciones y relatos de milagros. Durante esos días en que contesté mensajes y ayudé a otros a que renovaran su compromiso con su senda espiritual, me sentí llena de luz y propósito. Me sentí muy unida a mi comunidad e infundida de alegría. Me desconecté de la percepción de mi cuerpo (mi ser físico), el cual podía ser agredido, y me reconecté con mi espíritu, que es una fuerza de amor en el mundo.

La tercera mañana después de ese suceso, desperté llena de amor. En vez de tomar el teléfono y saltar de la cama, pensé: "Pide por las personas con las que te pusiste en contacto". Me sumergí en un profundo estado de oración. Comencé por enviar luz a mi comunidad. Pedí que tuvieran sosiego, salud, gozo y su propio despertar espiritual. Pedí que recordaran la luz. Nunca antes me había sentido tan contenta. Los comentarios de odio en Facebook se habían desvanecido y ya no ejercían ninguna influencia sobre mí. Comprendí que "los milagros se perciben bajo la luz".

Esta experiencia me transformó. El desplazamiento de mi atención de la negatividad a la forma en que podía servir a otros catalizó un gran despertar espiritual. Vi con claridad bajo la luz y perdoné las proyecciones ajenas. Hoy puedo asegurar que estoy muy agradecida con las mujeres que me agredieron en Facebook. Me brindaron una misión espiritual divina y un milagro. Sé que sienten mi amor porque las he perdonado. Las amo porque me enseñaron que la luz disipa todo temor.

En esta experiencia fui capaz de identificar el núcleo de mi valía. Me percaté de que lo que más valoro de mí es mi aptitud para ser una presencia de amor en el mundo. Frente a la oscuridad, tuve acceso a la luz y ayudé a que otros se sintieran bien. Vi que cuando reaccionamos o sentimos rencor, oponemos resistencia a la luz. La única respuesta al temor es el amor.

Confío en que esta anécdota te haga ver lo simple que es levantar el oscuro velo de los pensamientos negativos para que reclames tu luz. Puedes tomar esta decisión en cualquier momento. Cuando te sientas acosado, concéntrate en hacer que los demás se sientan bien. Cuando te sientas débil, concéntrate en tu fuerza y continúa con tu senda espiritual. Cuando las injusticias del mundo despierten tu indignación, concéntrate en las prácticas de este libro y realinéate con tu luz para que abandones la energía de la separación y retornes al amor. Donde haya oscuridad, lleva la luz.

ENORGULLÉCETE DE TU DECISIÓN DE VER LA LUZ

Cuando dejas de centrarte en el yo físico, ves a través del cristal del espíritu. Te importan menos los problemas y más el modo de resolverlos. Cada vez que te preguntas: "¿Deseo ver esto en la oscuridad o bajo la luz?", abres la puerta a un milagro. Empieza por medir tu madurez espiritual no con base en lo fácil que es tu vida, sino en lo afable que eres contigo mismo cuando las cosas salen mal. Celebra los momentos milagrosos en que transitas de la identificación con el cuerpo a la identificación con el espíritu. Déjate llevar por el impulso de los milagros y permite que la alegría de vivir en la luz te envuelva. Cuando experimentes un cambio del temor al amor, contarás con nuevas pruebas espirituales de que lo que en realidad deseas es la mirada espiritual.

MEDITA EN LA LUZ

Es difícil que elijamos la luz cuando estamos enfrascados en el drama terrenal. Aquí es donde entra en juego la meditación. Suele creerse equivocadamente que la meditación sólo sirve para que alivies el estrés o calmes tu mente. Lo hace, pero también hace mucho más. Cuando meditamos, trascendemos la energía de este mundo y entramos en un espacio de amor. La meditación se convierte entonces en un camino a la luz. Sometes tu voluntad a la presencia interior del amor y se te conduce con gentileza por el puente que va del mundo de la percepción al mundo de la luz. La meditación suspende tu apego al temor. Esto podría parecer extraño, pero lo reconocerás cuando suceda. Entre menos te resistas a meditar, más sabrás del mundo que escapa a tu experiencia física. Sanarás, tendrás ideas creativas y te colmará una sensación de gratitud. Es mi deseo que conozcas el gozo y alivio inmensos que se experimentan cuando se medita en la luz.

El camino a la alineación con el Universo empieza con la quietud que se halla en la meditación. Esta quietud es tan profunda que dejas atrás el mundo de la percepción y entras en el poder de tu luz. En la meditación de quietud suspendes tu aprensiva percepción del mundo, así sea sólo por un momento. Pero con eso basta. Un momento de fe podría cambiarte para siempre. Mediante la meditación establecerás tu experiencia de la luz más allá de los temores del mundo. Experimentarás el milagro que te ha esperado siempre. Tu conexión con la dimensión no física invadirá cada rincón de tu existencia. Te ayudará a mantener sin esfuerzo un flujo positivo de bienestar y abundancia, con objeto de que atraigas un mayor número de las cosas que quieres.

MEDITACIÓN PARA LEVANTAR EL VELO

Sigue mi meditación para levantar el velo. Al terminar, escribe en tu diario tu experiencia de la luz. Es importante que documentes esta experiencia para que no la olvides.

Meditación para levantar el velo

(Para escuchar la versión en audio gratuita de esta meditación, visita la página de recursos GabbyBernstein.com/Super Attractor, donde podrás descargarla al instante.)

Busca un lugar cómodo y siéntate en el suelo o derecho en una silla.

Cierra los ojos, pon las manos sobre tu regazo y mira hacia arriba.

Inhala cinco veces y cuéntalas.

Cinco, cuatro, tres, dos, uno.

Exhala cinco veces y cuéntalas.

Cinco, cuatro, tres, dos, uno.

Inhala cinco veces y cuéntalas.

Cinco, cuatro, tres, dos, uno.

Exhala cinco veces y cuéntalas.

Cinco, cuatro, tres, dos, uno.

Continúa con este ciclo de respiración hasta que te halles en un estado apacible.

Permite que tus pensamientos vayan y vengan. No los juzgues.

Prosigue con las cinco inhalaciones y las cinco exhalaciones.

Mientras respiras, imagina que estás parado en un extremo de un puente y te dispones a cruzarlo. El puente puede estar cerca o lejos del suelo.

Detrás de ti hay una densa nube oscura. Siente que esa oscuridad representa tu temor y tu percepción corporal del mundo.

Cuando miras al otro lado del puente, ves una luz tenue. Esta luz emite una energía que te dirige hacia ella.

Respira hondo mientras te rindes a la poderosa energía de la luz.

Permite que la luz te atraiga y empieza a atravesar el puente, de la oscuridad a la luz.

Inhala y exhala a cada paso.

Conforme te acerques al final del puente, nota que las sombras del mundo se evaporan.

Ya no las ves detrás de ti.

Respira hondo, abandona el puente y entra en el mundo de la luz.

Ahora todo lo que ves es luz.

En esta luz no eres tu cuerpo, eres libre.

Eres un campo de energía de luz y amor.

Eres poderoso.

Eres pacífico.

Eres apoyado.

Eres amado.

No resistes el pasado ni temes al futuro.

Todo lo que tienes es la luz de este momento.

Date permiso de estar en esa luz todo el tiempo que quieras.

Respira hondo y deja que la luz te devuelva a la verdad de lo que eres.

Permanece en la luz y respira.

Cuando sientas el impulso de concluir tu meditación, di en silencio esta oración: "Los milagros se perciben bajo la luz. Decido ver la luz y llevarla adondequiera que vaya".

Respira hondo.

Cuando lo creas conveniente, abre los ojos.

Después de esta meditación, toma tu diario y escribe tu experiencia de haber estado bajo la luz. Documenta el milagro de que te hayas desprendido del mundo del temor y aceptado el mundo de la luz. Esta práctica es muy valiosa porque te recuerda lo que eres en verdad.

Cuando termines de escribir, repite tu oración: "Los milagros se perciben bajo la luz. Decido ver la luz y llevarla adondequiera que vaya".

Prosigue con tu día y lleva la luz adondequiera que vayas.

Esta meditación te bastará para que puedas ver bajo la luz. Quizás experimentes un episodio de luz, o la sensación de que la luz y el amor llegan a ti mientras meditas. No importa si ves la luz con tus ojos físicos o la sientes como una presencia curativa. La experimentarás a tu muy particular manera. Hay muchas formas bellas de percibir la luz. Confía en que la tuya llegará a ti y acude a ella tanto como puedas.

Para que levantemos el velo de la oscuridad y recordemos la luz, debemos basarnos en el poder que posee el Universo para devolver nuestros pensamientos al amor. Cuando cambiamos nuestra incredulidad por la fe, recordamos la luz. Cuando meditamos, serenamos nuestra mente, abandonamos toda resistencia y recordamos la luz. Cuando elegimos la compasión sobre la agresividad, recordamos la luz. Cuando pedimos perdón, recordamos la luz. Cuando decidimos levantar el velo del temor, lo único que queda es luz.

LLEVA LA LUZ ADONDEQUIERA QUE VAYAS

Cuando veas que el mundo fundado en el temor se desvanece, querrás inclinarte a la luz con la mayor frecuencia posible. Esto te será cada vez más fácil. Asimismo, te sentirás llamado a llevar esa luz adondequiera que vayas. Hallarás propósito y satisfacción en ser un faro en tu hogar, tu trabajo y tu comunidad. Incluso podrías descubrir que la gente busca en ti más apoyo y orientación. Es muy grato estar en presencia de alguien que irradia luz.

En este nuevo papel, tal vez sientas el deseo de ayudar a quienes sufren. De ser así, y cuando veas a alguien en dificultades, resiste la tentación de involucrarte en su drama. Algunas partes tuyas podrían identificarse todavía con su necesidad. Pero si enfrentas su necesidad con la tuya, no le prestarás ningún servicio. La mejor manera de apoyar a alguien que está atrapado en el temor es que te inclines al amor y emitas luz. Trata a esa persona con amor y confía en que tu agradable energía será suficiente.

Es un propósito de nuestra alma ayudar a los demás y llevar luz por doquier. Pero debemos prestar servicio a conciencia, y sobre una base de fortaleza y alineación. Abraham-Hicks señala: "Cuando ofreces asistencia a los demás, debes estar alineado con su éxito, no con su problema". La mejor forma de servir a otros es sentir el ansia y emoción de orientarlos a soluciones para que no se estanquen en sus problemas. Tu atención a su éxito te alinea con el hecho de que ellos también son imanes. Si los ves bajo esta luz, recordarás lo que realmente son. Y aun si no están preparados para recibir tus lineamientos, tus ideas positivas y energía bastarán. Ver a alguien en su integridad es el mayor favor que puedes hacerle. A veces el mejor modo de ayudar a otro a que salga del temor es que lo visualices rodeado de luz.

TU PODER VERDADERO RESIDE EN LA LUZ

El poder verdadero reside en tu conexión espiritual y tu aptitud para que sintonices con la energía del amor y la visión interna de luz. El poder verdadero no es un título, nivel o logro terrenal. Ser un imán significa que debemos renunciar a las cosas que creemos que nos dan poder en este mundo. Todo nuestro "poder externo" es en realidad un rechazo a la luz. Cuando pienses con las ideas del amor y veas a través del cristal de la luz, salvarás todos los obstáculos. Ya no te prestarás a la negatividad, la agresión, la crítica ni el dolor. Vivir con un poder espiritual verdadero significa vivir en la luz.

Espero que estos mensajes te inspiren para que levantes

el velo del mundo del sufrimiento fundado en el temor y aceptes un mundo de amor y fe. Para finalizar este capítulo, no supongas que vivirás todo el tiempo en la luz. Incluso un efímero momento de luz es suficiente. A medida que los acumules, pasarán a ser tu realidad. Recuerda que esta práctica consiste en que nos desprendamos de nuestras percepciones de la oscuridad y recordemos nuestra luz y poder verdadero. Esto no ocurre de la noche a la mañana, así que es importante que celebres los milagros a lo largo del camino. Cada cambio de percepción de la oscuridad a la luz te acerca a la verdad. Permite que esos cambios lleguen de manera natural y preserva tu compromiso con la luz.

En el capítulo siguiente te ayudaré para que te alinees aún más con la luz mediante el poder de la orientación espiritual. Cuando te inclines a la luz, tomarás conciencia de la energía universal, que siempre te apoya. La orientación espiritual ha estado a tu alcance desde niño; es hora de que te reconectes con ella. Serás guiado para que levantes el velo y vuelvas al amoroso apoyo de la dirección en el que alguna vez creíste. Abre tu corazón y tu mente para que seas receptivo y te muestres dispuesto a obtener apoyo.

Capítulo 6

Una orientación invisible está a tu alcance

Una amiga me llamó una tarde. En cuanto oí su voz, supe que estaba devastada. Me contó que había terminado con su novio después de que había hecho grandes esfuerzos para salvar la relación, pero al final les fue imposible sortear los problemas de fondo. Aunque el rompimiento había sido muy doloroso, lo que más le asustaba era no saber qué dirección tomaría su vida. No dejaba de preguntarse: "¿Cómo es posible que me halle de nuevo en esta situación?". Se sentía vulnerable, derrotada y sin esperanza. Sentí su congoja y angustia a través del teléfono. Era obvio que estaba totalmente desalineada de su fe en el Universo. Intenté librarla de su pánico haciéndole ver que tenía soluciones. Confié en mi mente práctica y le di consejos acerca de dónde podía vivir, qué podía hacer con sus finanzas y cómo podía llevar a cabo un cambio positivo. Sin embargo, todo eso no hacía sino deprimirla y abrumarla más.

Después de que hablé más de una hora, su resistencia me fatigó y exasperó. Pese a que quería ayudarla, no me daba a entender. Sabía que debía haber un remedio y deseaba encontrarlo. Sin pensarlo mucho, de repente le pregunté:

—¿Ya pediste ayuda a tus guías espirituales?

Luego de una pausa, contestó:

—No, ni siquiera había pensado en eso... Pero si te soy franca, Gabby, jamás en la vida se me ha ocurrido pedir ayuda a ningún guía espiritual.

Le conté entonces mis experiencias con mis guías espirituales y le dije que nunca tomo una decisión ni paso por una transición de vida sin antes buscar su consejo. Añadí que creo que existen muchos guías espirituales que siempre trabajan en nuestro favor. Todos tenemos un ángel propio que nos protege y orienta. También familiares, maestros y amigos ya desaparecidos pueden ayudarnos. Hay arcángeles cuyo único propósito es que realineemos nuestros pensamientos y energía con Dios. Y muchos otros ángeles y guías espirituales nos auxilian cada vez que pedimos algo. Insistí en la forma en que me pongo en contacto con mis guías y en lo rápido que recibo su apoyo.

Tras varios minutos de deshacerme en elogios para los guías espirituales, mi amiga dijo:

—¡Vaya, eso suena *espléndido*! Me agrada la idea de pedir ayuda.

Sentí que su energía cambiaba. Ya había alivio en ella, no desesperación. Estaba lista para someter su voluntad a sus guías y recibir de buena gana un apoyo espiritual. Cuando pusimos fin a nuestra conversación, ella era otra. Sé que sus guías habían trabajado a través de mí para que ella recordara su presencia. En cuanto dijo "sí" a su apoyo, se sintió mejor.

Al día siguiente me llamó de nuevo.

—¡No me lo vas a creer! —dijo—. Seguí tu consejo y les pedí ayuda a mis guías. No sabía con quién hablaba, pero pedí ayuda de todas formas. Entonces sucedió la cosa más milagrosa que te puedas imaginar. Todo mejoró de súbito. Recibí por correo electrónico una oferta de trabajo como freelance y planeé un viaje que había aplazado desde hacía tiempo. Además, ya me siento mucho más tranquila con lo de mi rompimiento. ¡Mis guías trabajaron muy rápido!

—¡Sí, eso es justo lo que quieren! —expliqué—. Su único propósito es que alinees tus pensamientos y energía con el amor del Universo. Cuando te alineas de ese modo, eres un imán. Todo ocupa entonces el sitio que le corresponde.

Los guías espirituales y los ángeles han sido siempre una parte muy importante de mi vida, pero ésta es la primera vez que escribo sobre ellos. Aunque me he ocupado ya de la guía Universal y de Dios, nunca antes me había referido expresamente a la presencia de mis guías no físicos. Me preocupaba asustar a la gente o que se sintiera forzada a compartir mis creencias. Pero como dije en el capítulo anterior, hoy me siento llamada a tocar el tema de la metafísica y a hablar con franqueza y sin disculpas de la esfera espiritual. Sé que el mundo está listo para abrirse a nuevas formas de orientación. Cuando estamos dispuestos a ver un mundo más allá de nuestra vista física, la vida se simplifica, nos sentimos más seguros y tenemos acceso a nuestro poder verdadero. Acepto que quizá te resistas a los conceptos y lecciones de este capítulo. Es probable que no creas en los guías espirituales o que tus creencias sean contrarias a las mías. O bien, podría ser que este concepto sea totalmente nuevo para ti. Admito tu resistencia, pero te pido que muestres apertura. Mi meta en este libro, y en todo lo que creo, es que te abras a una relación espiritual al alcance de tu entendimiento. Nunca ha sido mi intención imponer mis ideas, pero es mi deber ofrecerte siempre lo que sé que es una verdad para mí.

Así que aquí lo tienes: creo en la existencia de seres de la más alta verdad y compasión que orientan nuestros pensamientos y energía de vuelta al amor. No son entes físicos ni están sujetos a las leyes naturales de este mundo. Son seres espirituales. Estos guías adoptan muchas formas y tienen propósitos diferentes, pero su meta común es que nos realineemos con el amor del Universo. Cuando te dejas atrapar en un pensamiento o patrón fundado en el temor, puedes recurrir a tus guías a fin de que te devuelvan al amor. Para recibir su orientación, lo único que se requiere es que estés dispuesto a vencer tu miedo y a mirar con la vista espiritual.

Dependo ahora de esos guías no físicos en todas las áreas de mi existencia. Saber que hay una presencia que me apoya siempre me da una fe y una fuerza inquebrantables. He atestiguado la intervención divina de mis guías en incontables momentos. Uno al que ya me referí tuvo lugar el 2 de octubre de 2005, cuando decidí permanecer sobria. Ese día toqué fondo en mi drogadicción. Tenía veinticinco años, estaba atada a las drogas y me tiré a llorar en el piso de mi departamento. En esas condiciones encontré la disposición a pedir ayuda. Dije: "Dios, Universo o quienquiera que seas: ¡necesito un milagro!".

Al instante oí una poderosa voz interior que decía: "Si te libras de las drogas, tendrás una vida que ni en sueños habrías imaginado". Esa voz era tan clara e innegable que no tuve otro remedio que escucharla. Me mantuve sobria ese día y seguí ateniéndome a la orientación espiritual que recibía. Creía que mis guías trabajaban a través de personas sobrias y mis grupos de recuperación para que yo permaneciera limpia. Una leve disposición a vencer mi adicción fue lo único que se me pidió para colocarme en un camino de recuperación de por vida. Día a día, momento a momento, seguí esa dirección, lo cual me permitió sanar. Hoy llevo, en efecto, una vida que antes habría sido inimaginable para mí. Sé que la voz interior que escuché era la de mi guía espiritual. Mis guías esperaron con paciencia a que estuviera dispuesta a abrir la puerta a su presencia. Nuestros guías siempre están listos para apoyarnos, pero para que lo hagan es preciso que les pidamos ayuda. Sin esta disposición, pasaríamos por alto toda la orientación en torno nuestro.

Hay muchas formas de recibir mensajes de los guías espirituales. Cuando abramos nuestra conciencia a la recepción del apoyo espiritual, se presentará ante nosotros una orientación milagrosa. Quizás oigas una voz o experimentes una certeza interior. Tal vez sientas que una energía relajante invade la habitación en la que estás. En algunos casos, podrías sentir una atracción física a determinado acto, obtener orientación en un sueño o despertar a medianoche y recibir un mensaje. Los guías operan también a través de la tecnología y se sirven de las redes sociales para que recibas las indicaciones y señales que necesitas. ¡Tus guías te encontrarán dondequiera que te encuentres! Cuentan con abundantes y peculiares maneras de devolver tus pensamientos al amor (Dios). Por ejemplo, me resistía hace poco a perdonar a una conocida que, en mi opinión, me había agraviado. Estaba obsesionada con percepciones aprensivas de crítica y separación. No quería ver a través del cristal del amor. Mis pensamientos de desamor me mantenían en un oscuro círculo de negatividad. Al final me harté de mi renuencia y recurrí a mis guías. Les dije: "Gracias, guías de la más alta verdad y compasión, por llevar mis pensamientos sobre esta persona de regreso al amor". Eso fue todo. Acudí a ellos para que me dijeran qué hacer y recibí su orientación en menos de veinticuatro horas. Hallé en Facebook una nota de esa conocida. Antes ignoraba o criticaba sus mensajes, pero esta vez fue distinto. Sentí un llamado a leer éste. Mi conocida expresaba en él justo lo que yo necesitaba oír para que la perdonara por completo. Hablaba de manera sensible acerca de sus dificultades personales y los diversos problemas por los que había pasado en los últimos días. Mostraba una humanidad que yo no había percibido nunca. En ese momento vi a través del cristal del amor y la compasión, no del temor y de estar a la defensiva. La contemplé con la vista espiritual. Sé que mis guías me condujeron a ese mensaje y me apoyaron con firmeza cuando sentí la intuición de leerlo. Me dieron indicaciones claras de que lo viera con amor y permití que me orientaran porque me mostré dispuesta a recibir su instrucción. Una vez que les entregas tus miedos a tus guías, ellos levantan el velo del temor y la oscuridad, restauran tu conexión espiritual y hacen que vuelvas al amor y la luz.

Recuerda que todos nuestros guías comparten un propósito: ayudarnos a que regresemos a la esfera espiritual del amor a través del puente desde el mundo del temor. Y nos socorren de muchas maneras. En este capítulo te daré a conocer algunas de las formas en que podemos sentir su orientación. Es probable que ya conozcas algunas, mientras que otras serán novedosas para ti. Presta atención a los tipos de guías que te entusiasmen. Quizá nunca hayas oído hablar de los arcángeles y sientas una fuerte conexión cuando leas sobre ellos. Confía en esto. Todo lo que te reanima se dirige a ti y te comunica una dirección nueva.

EL AMOR DEL UNIVERSO

Nuestra sabiduría interior y guías espirituales devuelven nuestros pensamientos a lo que yo llamo el amor del Universo. Ésta es la energía con que sintonizamos cuando estamos alineados con los pensamientos y sentimientos del amor. Cuando nos alineamos con el Universo, estamos en contacto con nuestro poder como imanes. Algunos llaman Fuente o Dios a esta energía del amor. Yo concibo el amor del Universo como una poderosa energía omnipresente. Cuando practicas cualquiera de las oraciones o meditaciones de este libro, alineas tu energía con el amor del Universo y esta fuerza te orienta creativamente a un bien mayor.

Cuando estamos atrapados, bloqueados o deprimidos, en ocasiones no sentimos nuestra conexión con el Universo ni podemos recuperar toda nuestra fe. En momentos así necesitamos orientación espiritual. Convocamos el apoyo espiritual mediante la oración, para que nos conduzca a lecciones y tareas motivadoras con las que retornemos a la fe. *Un curso de milagros* dice: "La oración es el medio por excelencia de los milagros". Cuando oramos, sometemos nuestra voluntad al apoyo espiritual. Abrimos una puerta invisible e invitamos al espíritu a que la cruce y nos guíe de vuelta al amor. Tu realineación con el amor del Universo no ocurre de una única manera, así que permanece abierto para que descubras las formas peculiares en que recibirás orientación. Recuerda que la meta es que renunciemos a nuestros intereses y nos abramos a una relación espiritual que comprendamos para que retornemos al amor.

TU SER SUPERIOR

Cuando oramos, levantamos el velo de nuestras percepciones aprensivas y damos la bienvenida al amor. La orientación que recibimos mediante la oración se presenta de varias formas, como una sensación de certeza o la voz interior de nuestra intuición. Al principio, esta voz interior será un susurro, pero cuanto más la invoques, será más fácil que la escuches. Al final reconocerás a ese animador interno como la voz de tu Ser Superior. Está listo siempre para hablar, pero se le debe escuchar. Cuando el miedo, la energía controladora y la incertidumbre te oprimen, obstruyes a tu Ser Superior.

He aquí una oración para que te alinees con la profunda sabiduría de tu Ser Superior: *Venzo mi temor y permito que la voz de mi Ser Superior me oriente a un bien mayor.* Repite esta oración o hazla tuya.

Cuando meditas, oras y te alineas con la energía del amor, sintonizas con tu Ser Superior. Cuando invocas a un ángel, espíritu, Dios o el amor del Universo, pides reencontrarte con tu Ser Superior, que recuerdes la esencia de lo que eres. Los guías espirituales están dispuestos en todo momento a ayudarte a que recuperes esa intuitiva certeza interna y tu fe en el amor. Mientras te presento los diversos tipos de guía, recuerda que su función es que te reencuentres con tu Ser Superior. Si el concepto de los guías espirituales no halla eco en ti, retorna a tu Ser Superior cuando lo desees, para que cambie tu percepción a través de la oración, la meditación o cualquier otra práctica espiritual. La amorosa sabiduría de tu Ser Superior siempre está ahí. Lo único que resta es que sintonices con ella.

ÁNGELES Y ARCÁNGELES

Los ángeles son prolongaciones del amor cuya misión consiste en que te reencuentres con tu Ser Superior y aumentes tu contacto con el Universo. Te protegen, orientan y brindan gran sabiduría interior y mensajes sanadores. Como no son exclusivos de ningún credo en particular, te ayudan del modo espiritual o religioso que tenga eco en ti.

Numerosos textos espirituales remiten a siete arcángeles clave. El más conocido de ellos es el Arcángel Miguel. Miguel es el gran protector y el más poderoso de los arcángeles. Invócalo cuando necesites resguardo de cualquier clase. Por ejemplo, si temes por tu seguridad o ésta te preocupa, Miguel te auxiliará. Si lo invocas en un momento de crisis, te ofrecerá ayuda inmediata en una forma significativa para ti. Brinda gran valor y orientación cuando te sientes extraviado y asiste a los sanadores en su trabajo. Yo experimento a menudo su presencia cuando veo un destello de luz azul cobalto. A veces siento incluso su presencia, como si el espacio se expandiera y una energía enorme entrara en él. Se dará a conocer si estás dispuesto a experimentarlo.

El Arcángel Rafael es el ángel que asiste en la curación física. Te ayuda cuando estás enfermo; si eres un sanador o profesional de la salud, estará siempre a tu lado para apoyar tu importante labor. Te ayudará a sanar a través de ideas nuevas e información fresca o te guiará a los profesionales indicados para colocarte en una senda de curación. En lo relativo a la salud mental o las adicciones, te guiará para que sanes de la afección a fondo y recuperes la paz. Te conducirá a la armonía interior y el bienestar físico.

El Arcángel Gabriel es el ángel de la comunicación, ya que opera como el mensajero de Dios. Yo lo invoco con frecuencia cuando escribo y hablo en público. Ayuda a los artistas, escritores y maestros para que transmitan su mensaje con sentido y autenticidad. Vendrá en tu ayuda cuando aplaces la comunicación o tengas dificultades para realizarla. Es también un poderoso guía en relación con los hijos. Es el ángel que hay que invocar si tienes problemas con la concepción, el embarazo o el parto. Cuando yo intentaba concebir, Gabriel me envió numerosos mensajes que confirmaron que seguía el camino correcto. Una de esas señales fue una azucena. Al Arcángel Gabriel se le representa a menudo con azucenas en las manos. Durante mi aventura de concepción, le pedí que me mostrara una azucena que me recordara que seguía el camino adecuado. Una tarde abrí mi correo y encontré una hermosa nota manuscrita de un lector. Al final de la nota escribió: "Incluí en el sobre una tarjeta con una oración. Algo me decía que sería muy especial para ti". Abrí el sobre y la tarjeta que contenía era una imagen del Arcángel Gabriel con azucenas. Ésta fue una de las muchas azucenas que se me presentaron a lo largo de mi aventura de concepción. Si tienes dificultades para comunicarte o motivarte o requieres apoyo respecto a uno de tus hijos, pídele ayuda a Gabriel. ¡Podrías recibir incluso un inesperado ramo de azucenas!

Si eres un amante de los animales o un activista ambiental, debes ponerte en contacto con el Arcángel Ariel. Éste es el ángel de la naturaleza y protege los recursos naturales, el ecosistema y todos los animales de la Tierra. Invócalo cuando quieras tener un contacto más profundo con la naturaleza. Invítalo a que te acompañe a una excursión, un paseo en el parque o a nadar. Su presencia te dará una conexión más intensa con el planeta y te ayudará cuando se trate de resguardar el medio ambiente.

Luego está el Arcángel Jofiel, el ángel que apoya a los artistas y creativos. Jofiel mantendrá la pureza de tus pensamientos y te ayudará a que resuelvas tus problemas. Da tranquilidad a nuestra existencia y disipa el caos. Cuando apliques las prácticas de este libro, invócalo para que manifiestes en tu vida y tu mente la belleza que deseas. Siempre estará a tu lado para que modifiques tu percepción y devuelvas tus pensamientos al amor. Cuando necesites una nueva perspectiva o auxilio en una tarea creativa, pídele ayuda.

El Arcángel Azrael asiste a los moribundos y socorre a las almas recién elevadas al cielo para que se adapten a la esfera espiritual. Desempeña asimismo un importante papel de consuelo cuando la gente pierde a un ser querido. Si eres un maestro de espiritualidad o un guía religioso que ayuda a las personas a sobrellevar su duelo, invócalo para que proteja tu energía e impida que absorbas su tristeza. Pero no sólo asiste en la última transición. Si atraviesas por *cualquier* tipo de cambio, pídele que te oriente.

Finalmente, la misión del Arcángel Samuel es dar paz al

mundo. Te recomiendo que lo invoques cuando sufras de ansiedad o tengas problemas en tu relación. Samuel nos ayuda a lidiar con la adversidad y nos da valor cuando nos sentimos solos y derrotados. Su presencia es especialmente importante en la actualidad, cuando enfrentamos tantos retos a causa de la división, la adversidad y la separación de comunidades.

Ahora que conoces a estos arcángeles y su misión, date un momento para que elijas al que te gustaría invocar. Si lo deseas, invoca a varios de ellos, tantos como gustes, y con la frecuencia que quieras. Están a la espera de que hagas contacto con ellos, y ansiosos de venir en tu ayuda. No es indispensable que los veas u oigas para que sepas que te guían. A menudo experimentarás su orientación como una certeza instintiva o una intensa guía intuitiva. Te hablarán de muchas formas, así que para que entiendas sus mensajes está atento a tus sentimientos e intuición. Deja que estas relaciones te beneficien, te conduzcan y te acerquen al amor del Universo.

ÁNGELES GUARDIANES

Cada uno de nosotros tiene un ángel guardián exclusivamente dedicado a nuestro desarrollo espiritual. Su misión es servirte, guiarte y protegerte al mismo tiempo que fomenta tu crecimiento en tu senda espiritual. A diferencia de los arcángeles, tu ángel de la guarda sólo trabaja contigo. Tiene un amor incondicional por ti y está siempre a tu lado. Como los arcángeles, está a tu disposición en todo momento, pero no intervendrá si no lo invitas, a menos que una situación de vida o muerte ocurra antes de que llegue la hora en que abandones tu cuerpo. Nuestro ángel guardián está siempre vigilante, listo para responder si lo invitamos.

Cuando tengas dificultades, pide ayuda a tu ángel de la guarda. Es muy sensible y absorbe tus emociones para que superes momentos amargos. En nuestros malos momentos, cuando nos sentimos muy desesperados, a menudo percibimos una presencia a nuestro lado, así sea en forma muy sutil. Esa sensación es la presencia de nuestro ángel guardián.

En un trance especialmente arduo de mi vida, experimenté una fuerte conexión con mi ángel guardián, Pedro. Aunque siempre está conmigo, lo siento más cuando me hallo en problemas. En 2016 recordé en una sesión de terapia sucesos traumáticos de mi infancia de los que me había disociado. Esta experiencia me deprimió mucho. Me volví a traumatizar y los sentimientos que experimentaba me aterraban. Batallé varios meses para dormir, salir de la cama o incluso lavarme los dientes. Estaba desconectada de mi espíritu y mi cuerpo. Una noche en que no podía dormir me fui al sillón de la sala para no perturbar a mi esposo. Completamente despierta y sacudida por mi trauma, me recosté en el sofá y rompí a llorar. Sollocé y gemí. Las lágrimas me aliviaron y me ayudaron a superar mi resistencia. Cuando me calmé, sentí un cálido abrazo, que unas manos fuertes me estrechaban con afecto y una energía vivaz y amorosa me rodeaba. Oí entonces que una voz interna revelaba: "Estoy aquí contigo". Supe al instante que esa presencia amorosa era la de mi ángel guardián, Pedro, quien me llenó de paz y consuelo mientras me rodeaba con sus brazos.

Los ángeles de la guarda son nuestros grandes protectores. Pedro está invariablemente conmigo cuando necesito su protección y apoyo. Mientras me dispongo a sentarme a una mesa para autografiar mis libros y recibir a cientos de personas, le pido que permanezca a mi lado. Lo concibo como mi guardaespaldas y vigilante. Me cuida para que preserve mi energía durante el evento. Nunca hago nada difícil sin que lo invite a que me apoye en cada paso.

AMIGOS DEL PASADO

La orientación espiritual puede provenir también de amigos ya desaparecidos. Cuando empezaba a recuperar mi sobriedad, tuve una buena amiga, Lauren. Era una hermosa mujer de veintiséis años que se había mantenido sobria desde los dieciocho. Fue una magnífica mentora en mi recuperación y encarnaba muchas de las virtudes que yo quería atraer. Como estudiaba para ser una coach personal, tenía cientos de libros de autoayuda en su diminuto departamento en Nueva York. Una tarde fue a correr al parque con su novio y de repente cayó fulminada por un infarto. Ese día perdimos a un ángel humano. Su muerte fue muy desconcertante para mí, aunque en un nivel espiritual sabía que nuestra relación no había concluido. En cuanto me enteré de su fallecimiento, no dudé que sería para mí una gran guía espiritual. Tuve la sensación de que su orientación iba a ser muy útil para las jóvenes que quisieran estar sobrias o emprender una senda espiritual. Mi intuición me hizo saber con claridad que ella nos ayudaría a muchas de nosotras.

Su familia nos ofreció generosamente a las mejores amigas de Lauren que fuéramos a su departamento para que rescatáramos algunos objetos que nos la recordasen. Agradecí mucho esto. Cuando entré a su departamento, vi que su librero seguía lleno de los más increíbles tomos de espiritualidad. Casi todas las páginas tenían dobleces en las esquinas y notas escritas en los márgenes. ¡Sus libros le encantaban! Oí que mi intuición me decía: “Llévate estos libros, regálalos a tus clientes de coaching y úsalos para tus cursos". Confié en esta voz, empaqué algunas cajas, las bajé por varios tramos de escalera y las llevé a mi casa.

Lauren ha sido siempre una guía para mí, sobre todo cuando comencé a escribir. Cuando firmé el contrato para escribir mi primer libro, *Add More ~ing to Your Life*, me aterré; no sabía cómo escribir un libro. Tendría que aprender a estructurarlo, bosquejarlo y relatarlo. Necesitaba un editor que me auxiliara a no perder el rumbo. Pero no tenía idea de cómo conseguirlo. Una noche en que no podía dormir y estaba llena de miedo por el reto de escribir un libro, pedí orientación espiritual. Les pedí a mis guías que me condujeran a los recursos y apoyo que necesitaba para ejecutar esa primera obra. Supe que me encontraba en una misión y estaba dispuesta a que se me orientara para hacer el trabajo. Después de pedir ayuda me sentí más tranquila, a sabiendas de que el apoyo ya estaba en camino. Mi cuerpo y mi mente se relajaron y me dormí.

Desperté abruptamente a las dos de la mañana. Un llamado interior me impulsó a levantarme y acercarme a mi librero. Vivía entonces en un departamento con un enorme librero empotrado a una pared y repleto de textos de autoayuda espiritual. Medio dormida, sentí que mi mano se dirigía decididamente a *Living in the Light* (*Vivir en la luz*), del maestro espiritual Shakti Gawain. ¡Regresé a la cama y leí esa obra de principio a fin! *Vivir en la luz* era justo el libro que necesitaba para saber cómo escribir un texto de autoayuda espiritual. Me encantó que Shakti explicara sus principios con inmensa sencillez y que su esquema fuera muy fácil de seguir. Este libro era la orientación que necesitaba para iniciar con confianza el mío.

¡No te sorprenderá saber que ese volumen provenía de la colección de Lauren! Sé que ella me guio a él, y que lo sigue haciendo hoy. Le dediqué *Add More ~ing to Your Life* porque sabía que su orientación había sido crucial para que yo llevara a cabo mi primer gran proyecto como autora.

ORIENTACIÓN DE TUS FAMILIARES

Uno de los guías que más aprecio es mi abuela Fritzie. Falleció a los noventa y tres años a causa de las complicaciones de una caída. Las semanas previas a su muerte fueron un auténtico reto, porque su cuerpo fallaba al tiempo que ella preservaba sus facultades mentales. Después de su accidente, a mi mamá y a mí nos tocó decidir si debían operarla del hombro o tratarla con medicamentos que la anestesiaran. Dedicamos dos angustiosas semanas a buscar una solución. Mi abuela era una mujer chispeante y avispada que nunca tomó muchos medicamentos. Estaba claro, además, que a su edad la cirugía era una mala idea.

Dos semanas después de su caída, me preparaba para dirigir un taller de seis días en un centro de retiro a una hora de mi casa. Mi equipo me esperaba para que subiera las maletas al coche y partiéramos. Me excusé y dije: "Sé que no es el momento ideal para hacerlo pero necesito meditar". Me encerré en mi habitación. En cuestión de minutos salí de mi cuerpo y entré en otro ámbito. Levanté las manos y alcé la cabeza. Sentí que una poderosa energía corría por mis brazos, como si enviara a alguien a su destino, como si facilitara una tarea importante. Ésa fue una de las meditaciones más profundas e impresionantes que he experimentado hasta ahora.

Diez minutos después sentí que mi cuerpo soltaba esa energía y me recosté en la silla. Consciente de que debía marcharme, me levanté a recoger mis cosas. Estaba a punto de salir cuando mi teléfono sonó. Era mi madre, quien me dijo con voz apagada: "Tu abuela abandonó su cuerpo hace unos minutos".

Rompí a llorar de alegría, agradecida de que hubiera podido acompañarla. Sé que me llamó para que la guiara mientras dejaba su cuerpo. También me alegró mucho que hubiera decidido partir y no forcejear con su forma física. No cesaba de decir: "¡Me da mucho gusto por ella! ¡Me da mucho gusto por ella!".

Era imposible que asimilara tanta información antes de dirigirme a mi taller. Como debía conducirlo con toda mi energía, supe que tendría que dedicar tiempo a mi duelo una vez que el curso terminara. Quería concederle a mi abuela el tiempo y respeto que merecía. No dejé de pensar en ella durante todo el taller. Le pedí que me dejara saber si había fallecido en paz y esperé con paciencia su mensaje. Al concluir el curso, de vuelta a casa pasé a ver a mi amiga Zoe, en cuyo comedor me senté en compañía de otra amiga, Jenny. Zoe presumía su nuevo tarot, pero una llamada me distrajo un instante. Mientras atendía el teléfono, Jenny tomó una carta por mí. Cuando regresé, las dos guardaron silencio mientras me mostraban la carta que había salido, la imagen de una anciana que atravesaba un puente. La leyenda al pie decía: "La abuela logra un tránsito pacífico". Nos miramos unas a otras, con lágrimas en las mejillas y admiradas de la claridad con que mi abuela se había comunicado. Esperó a que yo estuviera lista para recibir el mensaje ¡y trabajó por medio de Zoe y Jenny para que lo recibiera!

Esa experiencia dio lugar a una genuina conexión entre mi abuela y yo, que no ha dejado de fortalecerse con el tiempo. Siempre sé que ella está a mi lado, lista para intervenir cada vez que lo necesito. Siento su presencia y recibo sin cesar hermosas señales suyas. Oigo que me dice: "Te quiero mucho".

Es probable que un familiar o amigo tuyo haya desaparecido ya. Permite que este relato te inspire para que inicies una relación personal con ellos. Como seres humanos, suele ser devastador que perdamos a un ser querido. Pero cuando aceptamos una relación espiritual más allá de nuestra vista física, obtenemos un alivio enorme. Emprende un diálogo con tu ser querido y pídele que te dé una señal de que está a tu lado. Su manera de presentarse te asombrará. Quizá percibas su perfume, seas guiado a su libro favorito o escuches su nombre en una canción. Presta atención a la orientación que te envíe y ten la seguridad de que está siempre contigo. Los difuntos se cuentan entre nuestros principales guías. Cuando entramos en contacto con ellos, tienden un puente para que nuestros pensamientos aprensivos retornen al amor y nos ayudan a que vivamos como imanes. Nos conducen a lo que deseamos y a lo mejor para nuestro desarrollo espiritual. Déjalos entrar a tu vida y profundiza tu relación con ellos a través de la oración, la meditación y la conversación diaria.

TUS GUÍAS PODRÍAN SER MAESTROS QUE TUVISTE EN EL PASADO

Uno de mis maestros que se han convertido en mis guías es mi difunto amigo y mentor Wayne Dyer. Wayne ha sido uno de los mayores guías espirituales de mi meditación. De pronto hace acto de presencia y me da instrucciones muy claras. También me ha utilizado como conducto para comunicarse con sus hijas, Serena, Saje y Skye, de quienes soy amiga.

Cuando empezó a darme mensajes para que se los transmitiera a sus hijas, dudé en buscarlas. Cuestioné la validez de esos mensajes y no quería ofenderlas con la insinuación de que recibía instrucciones de su padre. Pero Wayne no iba a permitir que yo guardara silencio. Una tarde después de que le serví de canal, cuando abrí mi Instagram me topé con una hermosa fotografía suya que su hija Serena había publicado. Supe que esa foto era una señal que confirmaba que él estaba en contacto conmigo. Así, hice comentarios sobre la foto y le mandé saludos a Serena. Una hora después recibí un mensaje suyo que decía: "¡Es increíble que hayas comentado la foto! He pensado en ti todo el día. ¡No puedo sacarte de mi mente!". Le contesté: "Yo también he pensado mucho en ti", pero no mencioné a Wayne. Una hora más tarde recibí un mensaje de Karen, una médium que había trabajado con la familia Dyer para que se pusiera en contacto con Wayne. En él me decía: "Debo hablar contigo". Aunque apenas la conocía, lo apremiante de su texto me alarmó, así que le llamé de inmediato. Me dijo:

—No sé por qué, pero siento un fuerte impulso de hablar contigo.

Pregunté:

—¿Crees que tenga algo que ver con Wayne? Se ha presentado en mis meditaciones desde hace varias semanas y tiene muchos mensajes para sus hijas. No cesa de decirme que Serena es la caja de resonancia y debe transmitir su mensaje.

Ella contestó:

—¡Eso es! Hoy le serví de canal y dijo también que Serena es la caja de resonancia.

En ese divino momento me quedó claro que Wayne había trabajado por medio de Karen para confirmar que los mensajes que yo recibía eran suyos. Tan pronto como colgué el teléfono, les llamé a Skye y Serena para comunicárselo. Dediqué una hora a servirle de canal a Wayne para que las guiara. La presencia de Wayne es una de las energías más intensas con las que tengo contacto y agradezco mucho su orientación. Él también ha dejado en claro que está disponible para quien desee conectar con el amor y la luz.

RECIBE A TUS GUÍAS EN TU FIESTA

Si no has tenido experiencias como éstas, te invito a que conserves una mente abierta. Si estás dispuesto a ponerte en contacto con tus guías espirituales, los pasos que se detallan a continuación iniciarán tu relación, te mantendrán protegido, favorecerán tu vida y te ayudarán a ser un imán.

Tu disposición a hacer contacto con tus guías espirituales abre la puerta a su orientación, pero no dejes abierta la puerta de par en par para que cualquier guía entre. Piénsalo así: cuando organizas una fiesta, quieres que se presenten sólo las personas más positivas y afectuosas; por tanto, haces una lista de invitados y no convocas a aquellos que no te apoyan. De igual modo, tus guías no deben presentarse en tu conciencia sin invitación. Si no eres explícito acerca del tipo de guías con quienes deseas entrar en contacto, podrías atraer a seres espirituales de baja vibración ajenos a tu mayor bien. Decide a quién quieres invitar a tu fiesta. Los médiums que tengo como mentores me han enseñado que la mejor manera de iniciar el contacto con nuestros guías es recitar una oración. Yo repito comúnmente ésta: *Gracias, guías de la más alta verdad y compasión, por revelarme lo que debo saber.*

TUS GUÍAS ESTÁN A LA ESPERA DE TU PETICIÓN

Es importante reiterar que los guías y los ángeles sólo pueden intervenir en tu vida si les pides ayuda. Recibir orientación espiritual depende de tu libre albedrío. Y a nosotros nos toca decidir si seguimos o no su orientación. Mi querida amiga MaryAnn DiMarco, médium y autora de *Believe, Ask, Act*, dice:

"Los guías espirituales nos abren la puerta. Es nuestra decisión cruzarla o no".

Un buen comienzo es que te presentes ante tu ángel guardián. Ponte cómodo en un área privada donde no seas interrumpido. Ten un cuaderno a tu lado. Cierra los ojos y respira hondo. Dile en silencio a tu ángel guardián que le das la bienvenida y pídele que te revele su nombre. Luego inicia la meditación de relajación que acostumbras usar para tranquilizarte, centrarte y ponerte en contacto con el Universo. (Si deseas que te guíe en esta meditación, visita GabbyBernstein.com/SuperAttractor a fin de que tengas acceso a mi meditación para invocar a tu ángel guardián.) Permanece en meditación el tiempo que quieras. Durante ella podrías oír el nombre de tu ángel de la guarda bajo la forma de una intuición, un sonido o una instrucción que escribir en tu diario. Si por alguna razón no recibes su nombre mientras meditas, confía en que llegará más tarde. Quizás horas después se te presente un nombre a través de una canción, un anuncio u otra modalidad inesperada. Tu guía puede revelarte su nombre de muchas maneras. Confía en que cuando lo recibas, sabrás por intuición cuál es. No cuestiones el nombre que recibas, aun si te suena raro. Y que no te sorprenda si empiezas a sentir su presencia. Le alegra tanto que lo hayas aceptado que podría querer revelar su presencia. Éste será el principio de una relación hermosa y sustentadora que te guiará toda la vida.

EL CONTACTO CON TUS GUÍAS

Una vez que te presentes con tus guías, puedes pedirles ayuda de muchos modos. Uno de los más sencillos es hacerlo en silencio. Por ejemplo, si caes presa de pensamientos aprensivos, di: "Gracias, guías de la más alta verdad y compasión, por ayudarme a vencer ese temor y regresar al amor". O si deseas ser más específico y trabajar con cierto ángel, di por ejemplo: "Gracias, Arcángel Miguel, por ayudarme a superar esta situación de temor. Recibo de buena gana tu protección y orientación". Si mantienes un contacto consciente con tu ángel guardián, abórdalo en forma directa. Estas peticiones son oraciones. Tus oraciones son propósitos para recibir apoyo. Confía en que tu intención positiva bastará para que se revele una orientación espiritual profunda. A mí me gusta comenzar estas oraciones con la palabra "Gracias" porque me recuerda que la orientación está en camino.

He descubierto que hacer contacto con mis guías a través de la escritura es muy eficaz. A menudo conservo mi diario a mi lado durante una meditación en silencio. Antes de empezar a meditar, escribo mi propósito al principio de la página. Escribo: *Gracias, guías de la más alta verdad y compasión, por darme una clara instrucción sobre* ______. Les pido apoyo para mi salud, mi matrimonio, mi actividad como maestra espiritual o cualquier otra cosa. Entonces medito en silencio. Cuando siento un leve empujón de mis guías, tomo la pluma y escribo lo que se me ocurra. Permito que la pluma fluya, no corrijo nada. Momentos después, llegan las palabras más bellas y sagaces. Palabras e ideas que no son mías llenan la página. Con frecuencia, la orientación que recibo me deja sorprendida.

Si nunca antes has escrito de ese modo, podrías tener diversas experiencias. Quizás empieces a servir como canal de inmediato, o tardes algo de tiempo en sentirte a gusto con esta práctica. Sólo deja que tu pluma fluya y no corrijas. Escribe lo que se te ocurra, aun si al principio parece raro o trivial. Ten fe en el proceso y deja que se desenvuelva por sí solo.

TUS GUÍAS TE AYUDARÁN DE MUCHAS FORMAS

Pedir auxilio a tus guías les da la libertad de ayudarte más. Como en toda relación, cuanto más cultives ésta, más crecerá. Tan pronto acojas la presencia de tus guías, sentirás que tus pensamientos y energía se realinean con el amor del Universo. Tus guías te recordarán que eres amor y que la voz de tu Ser Superior es tu voz verdadera. Te darán indicaciones claras cuando te sientas extraviado y siempre te llevarán a soluciones de un bien mayor para todos.

En el capítulo siguiente te ayudaré a que adoptes el hábito de ceder tus obstáculos a tus guías para que no debas depender de tu fuerza. Cuando aceptes la orientación de tu Ser Superior, ángeles, guías espirituales o incluso familiares ya desaparecidos, tendrás una sensación de apoyo que no has conocido nunca. *Un curso de milagros* establece: "La presencia del temor es señal inequívoca de que confías en tu fuerza". Cuando aprendemos a no confiar en nuestra fuerza y a depender de la esfera espiritual y nuestro Ser Superior, vivimos con dignidad y sosiego y somos verdaderos imanes.

Capítulo 7

Haz menos y atrae más

En la primavera de 2017, hacia la época en que comencé a servirle de canal a Wayne Dyer, recibí más confirmaciones de que él estaba en contacto conmigo. Tuve una lectura privada con mi amiga médium Rebecca Rosen. En medio de la lectura, ella dijo: "Tu gurú está en contacto contigo. Es tu maestro. ¡Es Wayne!". Ratificó que los mensajes que recibía eran de él y me aseguró que debía confiar en mi aptitud para conectar con su orientación. Añadió que Wayne era una importante fuente de apoyo para mí cuando hablaba en público. Sugirió que si lo invocaba antes de cada una de mis charlas, de inmediato tendría una sensación de tranquilidad. Me encantó recibir esta orientación; esperaba con ansia el apoyo de Wayne en mi siguiente charla.

Días después, di una de las pláticas más relevantes de mi vida. Fui invitada a hablar en las Oprah's SuperSouls Sessions y a impartir la charla "El Universo te respalda". Pensaba revelar en ella un episodio muy delicado de mi vida y eso me tenía nerviosa (para no hablar del hecho de que mi ego había enloquecido con la idea de que participaría en tal evento de Oprah.) Yo haría de ese acto algo muy especial, así que puse mucho énfasis en esa plática. En esa etapa de mi carrera como oradora ya no me ponía nerviosa, pero en este caso las proyecciones de mi ego me asediaban.

La mañana de mi charla estuve muy ansiosa. Sabía que mi ego estorbaba mi poder como imán. En un momento de crisis interna, recordé la sugerencia que Rebecca me había hecho de que invocara a Wayne para que operase a través de mí y me senté a meditar en la cama de mi hotel. Durante la meditación, invité a Wayne a que entrara en mi mente y me guiara. En cuestión de segundos, me sentí invadida por la más relajante de las presencias. Sentí alivio casi al momento. Fue como si la energía de Wayne se incorporara a la mía, y se apoderó de mí una paz inmensa. Mi ansiedad se desvaneció y accedí a un perfecto estado de gracia. Abrí los ojos y me sentí lista para presentarme en mi plática, porque mi Ser Superior hablaría a través de mí.

Una hora después, llegué al estacionamiento de la entrada de artistas. Un gran vehículo todoterreno se estacionó frente a mí. Cuando bajé del auto, el Universo dispuso que la señora Winfrey hiciera lo propio de su camioneta. Si hubiese caído presa de mi ego, probablemente habría buscado entre balbuceos una interacción con ella. Pero con Wayne a mi lado, vi a Oprah como una igual y la saludé con gracia. Nos abrazamos y hablamos de lo emocionadas que estábamos por lo que sucedería ese día.

Las horas previas a mi charla fueron tranquilas y relajadas. Justo antes de que subiera al estrado, invité a Wayne a que me acompañara. Sentí su presencia en el podio. Hablé sin esfuerzo. Me liberé de las proyecciones de mi ego de que estaba en el podio de Oprah y evité que mi alocución tratara de mí. En cambio, la dediqué al servicio y el amor. Enseñé desde el corazón. La orientación de Wayne me hizo a un lado y me ayudó a basarme en una humildad y una fuerza superiores a las mías. Esa charla ha sido vista desde entonces en YouTube por espectadores de todo el mundo, y ayudado a muchas personas a conocer la práctica espiritual del abandono. La energía de Wayne está presente en cada repetición.

Los guías espirituales ayudan a que nos hagamos a un lado y no dependamos de nuestra fuerza. Nos llevan siempre a conectar con nuestra energía como imanes y permitir que el amor fluya en todo lo que hacemos. Como diría Wayne: "Cuando estás en espíritu, ¡estás inspirado!".

Ser un imán consiste en que fortalezcas tu fe, sintonices con la energía del amor y dejes que el Universo te guíe. Para iniciar la práctica de ceder, es preciso que nos hagamos a un lado y permitamos que el espíritu nos dé indicaciones.

En el capítulo anterior te presenté los diversos tipos de guías espirituales con los que puedes ponerte en contacto. En las páginas siguientes ampliaré esas lecciones y te enseñaré a ceder tus deseos al Universo o a una guía espiritual al alcance de tu entendimiento. La práctica diaria de que pongas tus planes en manos del espíritu te ayudará a que cultives tu aptitud de estar quieto y aceptar el momento presente. En la quietud, recibirás. Establecer un firme contacto espiritual te librará de la ansiedad y te dará una profunda sensación de alivio. Dejarás de invertir todo tu esfuerzo mental, emocional e incluso físico en la presión, el control y en hacer que las cosas sucedan. En cambio, serás guiado.

Deseo concederte la experiencia de que entres en contacto con tus guías. Que te sientas en libertad de relajar el control y permitir que una presencia ajena a ti te conduzca. Y que te sientas más en contacto con tu poder como imán. Si sigues estos pasos, el espíritu aparecerá pronto.

DEJA DE DEPENDER DE TU PROPIA FUERZA

Nos hemos acostumbrado a creer que las cosas ocurren gracias a nuestra voluntad. ¡Pero el secreto de que nos sintamos bien y nuestros deseos se manifiesten sin que suframos es que dejemos de depender de nuestra fuerza! Hacemos esto si damos la bienvenida al poder del espíritu, la energía Universal del amor, a fin de que dirija nuestros pensamientos y acciones. Concibe este hecho como una colaboración entre el Universo y tú. Ya no es necesario que te sientas el único responsable de que la vida se resuelva, de todas las decisiones importantes y de que tus sueños se cumplan. Una fuerza de amor en ti y a tu alrededor te apoya en cada paso. Para que tengas acceso a esa fuerza basta con que te apartes del camino. Mientras dependas de tu voluntad, tus planes y tu línea de tiempo, te sentirás bloqueado y temeroso; estresado en el presente, preocupado por el futuro, inseguro de tus decisiones, etcétera. Tan pronto como te sueltes y cedas, una energía sustentadora tomará el mando.

Acoger en tu vida esa potente fuerza de contacto espiritual podría confundir a tu ego. Es común que nos apoyemos en el temor o una falsa sensación de control y seguridad cuando el temor es lo que manifiesta más incertidumbre, dolor y sufrimiento. Es fácil que caigamos en los aprensivos patrones de nuestra infancia o de experiencias pasadas y nos sintamos paralizados por ellos. Cuando nos mueve el miedo, retrocedemos a nuestra parte infantil, que no hará nada para que nos sintamos seguros y a cargo de las cosas. Muchos viven en el filo del estado de pelear o huir, en el cual caen cada vez que su ego toca la alarma. Pero imagina lo maravilloso que sería que pusieras esa parte tuya al cuidado de un poder superior. ¿Cómo sería tu vida si dejaras de pensar que debes protegerte o cuidarte de todo para que avances? ¿Qué tan diferente serías si supieras que puedes ceder tu vida a un guía sustentador?

El camino más claro a esa libertad es adoptar el hábito de buscar apoyo en la orientación espiritual y la energía del Universo. Recurrir de manera sistemática a los ángeles, los guías espirituales, tu Ser Superior y la sabiduría del Universo te llevará a un bien mayor para todos. Si aprendes a depender de la fuerza espiritual, conseguirás una libertad increíble. Para establecer o reforzar tu contacto con la esfera espiritual, debes hacerte a un lado.

Si vas a rendirte a la amorosa orientación que está siempre a tu alcance, empieza por invocar al guía con el que deseas estar en contacto.

Quizá te agrade conectar con tu Ser Superior (sabiduría interna) o con el amor del Universo (o Dios). O podrías sentirte inspirado por los arcángeles y entrar en contacto con un ángel específico que te ayude en tu situación particular. Tal vez te guste la idea de vincularte con un familiar ya desaparecido al que echas de menos. Si por ahora no tienes claro con quién deseas enlazarte, date un momento para repasar los guías del capítulo 6 y ver cuál de ellos te inspira. Cuando mi editora Katie leyó el capítulo 6, supo de inmediato que su guía era el Arcángel Ariel. Sintió una conexión instantánea con él porque es el guía de los amantes de los animales y los ambientalistas. No cuestiones tu intuición cuando se trata de establecer contacto con guías. El que te venga de inmediato a la mente es con quien estás destinado a relacionarte. Recuerda que está a la espera de tu llamado.

CONTACTO CON LA ENERGÍA DEL ESPÍRITU

El apoyo amoroso puede llegar en frecuencias diferentes, y cuanto más clara tengas la orientación espiritual que deseas recibir, más te familiarizarás con la energía de la orientación con que estés en contacto. Por ejemplo, cuando yo pido hacer contacto con el Arcángel Miguel, al que se le conoce como el arcángel de la protección, siento que la energía se expande en la habitación y me siento protegida. Cuando le pido ayuda a Wayne, tengo una hermosa sensación de calma y paz. Cuando le pido a mi Ser Superior que me alinee con mi sabiduría interna, siento una energía dinámica y entusiasta, como si me preparara a recibir nueva información. Hay muchas frecuencias de energía, y es muy eficaz conocer las diferentes formas de orientación de cada una de ellas.

Los guías se sirven de símbolos y señales para que sepas que están ahí. Podrías tener una conexión religiosa con un maestro ascendido como Jesús, Buda o la madre María, quienes por lo regular muestran un símbolo de su presencia. O podrías tener un lazo espiritual con un familiar difunto que se relaciona contigo a través de una señal específica, como una canción, fragancia o imagen. Los guías son claros y creativos cuando se presentan. Su claridad te dejará atónito. Muestra reverencia por la magnífica orientación que está a tu alcance.

Cualquiera que sea el guía con el que te vincules, confía en que tu intuición te ha llevado a la orientación que hallará más eco en ti. Igual que con un maestro de yoga o profesor específico, podrías sentir una conexión con un guía espiritual particular. Puedes tener muchos guías o relacionarte regularmente con uno solo. No importa cómo seas guiado; lo importante es que sometas tu voluntad al apoyo de una amorosa presencia poderosa que está más allá de ti. Cada forma de orientación espiritual tiene el mismo propósito: devolverte al amor.

Elige el guía con el que quieres ponerte en contacto ahora. Abre tu diario y escribe el primer nombre que te venga en mente. Puede ser un arcángel, familiar ya desaparecido, tu Ser Interior (sistema interno de guía) o cualquier otro guía espiritual. No pienses demasiado; sólo escribe el guía con quien te inspiraría estar en contacto. Una vez que establezcas con cuál guía quieres relacionarte, es momento de que sintonices con esa frecuencia de energía. Como recordatorio, toma en cuenta que cada guía tiene una energía propia, y que cuanto más a menudo te relaciones con ellos, más fácil será que sepas con quién estás.

SINTONIZA POR MEDIO DE LA ORACIÓN

Cuando estás atrapado en tu sistema de pensamiento lógico y práctico, no puedes vincularte con la sabiduría infinita a tu alcance en todo momento. Pero cuando oras, suspendes temporalmente los límites de tu mente terrenal y te reconectas con la sabiduría infinita de una guía divina más allá de la tuya propia. La oración es el camino a la entrega. Cuando pides orientación, pones tu control, voluntad y propósitos bajo el cuidado de tu guía espiritual. La oración es un puente de tu mente controladora y aprensiva a la mente del amor. Cada vez que pides orientación, te realineas al instante con tu poder como imán. Una oración reclama tu fe en un poder superior y es una humilde petición para que rebases las falsas creencias fundadas en el temor del mundo y recuerdes que eres luz. Cuando la oración acaba por formar parte de tu naturaleza, sientes alivio, porque sabes que en cualquier momento puedes enlazarte con el amor del Universo mediante la orientación espiritual que está siempre a tu alcance. Desde luego que llegarán pensamientos aprensivos, los que reemplazarás por una oración. Permite que orar se convierta en un hábito más fuerte que tu temor.

La primera oración que practicaremos es una plegaria de contacto que abrirá la puerta a la orientación espiritual. Siéntate cómodamente en un área privada, con tu diario a un lado, y recita esta oración en silencio o en voz alta:

Gracias, guía de la más alta verdad y compasión, [nombra al guía con el que deseas ponerte en contacto], por revelarme tu presencia. Te doy la bienvenida ahora.

Respira hondo.

Sigue respirando así mientras permites que la presencia de tu guía entre en tu espacio.

Presta atención a cómo te sientes. ¿La energía en la habitación cambió? ¿Te sentiste más ligero, vivaz, tranquilo, inspirado o protegido? ¿Tuviste un pensamiento intuitivo? Toma tu diario y documenta lo que la orientación te hizo sentir. No cuestiones ninguna de las sensaciones que se presentaron. Cuando haces contacto con cualquier tipo de guía, te alineas con un campo de energía más allá de la esfera física. Es probable que sientas esta energía de una forma distinta a la que acostumbras. No la juzgues ni le temas. Recuerda: sintonizaste con la energía de un bien mayor. Mientras hayas hecho una distinción clara, atraerás sólo una alta energía amorosa.

Si no sentiste de momento ninguna orientación, ten paciencia. A veces aparece más tarde. Quizá veas una señal que pediste, tengas un sueño con indicaciones muy claras o sientas una presencia a tu lado cuando duermas. No fuerces la conexión.

Una vez que te sientas en contacto con la esfera espiritual, habrás abierto la puerta para que recibas orientación divina, instrucción clara y gran sabiduría. Sírvete entonces de la meditación para que te serenes y escuches la orientación. En una quietud pacífica, el espíritu podrá entrar en contacto contigo. Cuando oras, pides orientación; cuando meditas, escuchas.

Meditación para pedir orientación espiritual

Sigue esta práctica de respiración para meditar y sintoniza tu energía con la orientación que está a tu alcance en este momento. (Si lo deseas, escucha la meditación guiada en la página de recursos de GabbyBernstein.com/SuperAttractor) Luego de una breve meditación, toma tu diario y vierte en él la orientación que recibiste.

Comienza por respirar despacio para que sintonices tu energía con la frecuencia de la orientación a tu alcance.

Inhala por la nariz y cuenta hasta cuatro.

Mantén la respiración y cuenta hasta cuatro.

Exhala por la boca y cuenta hasta cuatro.

Practica este ciclo de respiración tres veces más.

Respira profundamente un minuto más. En la inhalación, tensa el diafragma, y en la exhalación relájalo. Inhala, tensa el diafragma, exhala y relaja. Este patrón hará que inhales y exhales a plenitud.

Establece la intención de alinear tu energía con la orientación sustentadora que te rodea ahora.

Una vez que sientas que tu energía pasa a una frecuencia apacible, tranquila e inspirada, toma tu diario y escribe esta oración al principio de una página:

Gracias, guía de la más alta verdad y compasión, [nombra aquí a tu guía si lo deseas], por mostrarme lo que quieres que sepa.

(Si quieres, sé más específico y pídele que te revele cómo manejar cierta situación, etcétera.)

Durante cinco minutos o más, deja que la pluma fluya en la página. No corrijas nada. Déjala fluir.

PERMITE QUE LA ORIENTACIÓN FLUYA

Wayne Dyer dijo: "Cuando permaneces en el espíritu, te percatas de que si algo parece marchar mal, ves con claridad diez cosas que marchan bien". Tan pronto como alinees tus pensamientos y energía con una orientación amorosa, recibirás una instrucción clara, soluciones creativas, inspiración radical, paz... y muchas cosas más. La orientación adopta numerosas formas. Presta atención a todo y no pases nada por alto.

Luego de que establezcas tu conexión espiritual a través de este procedimiento, quizá descubras que los demás responden de otro modo a tu energía. Experiencias que antes te estresaban podrían ser ahora más fáciles de sortear. Podrían aparecer sincronías insólitas en tu vida. Quizá sientas incluso la permanente presencia del espíritu a tu lado. Cada vez que decides sintonizar con el espíritu, se te mostrará una orientación de la más alta verdad.

Continúa por una semana con tu práctica de oración, meditación y ejercicio de escribir en tu diario. Documenta las conexiones y orientación que recibas. Toma notas en tu diario durante el día y presta mucha atención a cada señal. Los tres pasos siguientes harán que la guía espiritual sea fácil de recibir y fortalecerán tu contacto con ella. Durante la semana próxima, cada mañana practica estos tres pasos:

1. Sintoniza mediante la oración e invoca la presencia de tu guía.
2. Relájate y recibe orientación a través de la meditación.
3. Documenta la orientación que recibes.

Entre más tiempo dediques a estos métodos, más innegable será la presencia del espíritu. Cuando tomes la decisión consciente de alinear con la presencia del espíritu, notarás cambios increíbles en tu energía, tus experiencias y las personas que tratas a diario. Tu ego querrá resistirse a toda costa y dirá cosas como "Es pura coincidencia" o "Esto habría sucedido de todos modos". Tu disciplina combatirá esa reacción de tu ego. Cuando abres tu conciencia de manera sistemática, te comprometes a un contacto más profundo con la orientación en torno a ti. Mantente atento a la guía divina que recibes y permite que el espíritu te muestre qué hacer.

APÓYATE EN UN PODER SUPERIOR

Vivir como imanes significa que aprendemos a apoyarnos en un poder superior. Cada vez que dependemos de nuestra fuerza y damos la espalda al espíritu, debilitamos nuestra conexión con el Universo y con nuestro poder como imanes. Si nos apoyamos en un poder superior, permaneceremos en contacto con la esfera espiritual, posibilidades infinitas, la sincronía y el gozo.

El hecho de que se nos guíe no implica que renunciemos a nuestra capacidad para tomar decisiones, las que llegarán más fácilmente. Nos sentiremos despejados y dirigidos, no inseguros y vacilantes. Cuando nos tropecemos con un obstáculo, sabremos dónde buscar ayuda y recibiremos indicaciones divinas. Si te apoyas en un poder superior, darás variedad a tu vida, porque ya no te sentirás presionado a resolverlo todo. Podrás soltar y ceder.

La energía universal del amor está dentro de ti, pero a menudo necesitas ayuda para ponerte en contacto con ella. Permite que el Universo y tus guías sean tu constante puente de vuelta al amor, la fuerza y la instrucción clara.

No temas pedir orientación espiritual en cualquier circunstancia. Cuando estés en un consultorio médico, pide al espíritu que trabaje por medio del prestador de servicios de salud. Cuando estés en una entrevista de trabajo, invita al espíritu a que hable con seguridad a través de ti. Cuando discutas con un amigo, pide al espíritu que intervenga y te auxilie a encontrar perdón y soluciones. No hay nada que no puedas ceder. Sobre todo, confía siempre en la orientación que está a tu alcance, no sólo cuando te convenga. Haz de tu apoyo en el espíritu un hábito diario. Cuanto más te inclines al espíritu, más se te guiará.

HAZ MENOS Y ATRAE MÁS

Confía en que tu alineación con el Universo basta para que co-crees el mundo que deseas ver realizado. La lección 38 de *Un curso de milagros* enseña: "No hay nada que mi santidad no pueda hacer". Cuando sometes tu voluntad al espíritu y al Universo, haces que tu energía sintonice con una corriente de bienestar siempre presente. En este estado de entrega, aceptas tu santidad y no hay nada que no puedas hacer. Aceptar tu santidad quiere decir que tienes una fe muy firme en el Universo y la orientación espiritual. Esta fe hace que atraer sea un acto natural. En ese espacio de fe, dejas que el Universo fluya y puedes hacer menos y atraer más.

PERMITE QUE EL ESPÍRITU TOME EL TIMÓN

Muchos viven con la equivocada creencia de que para atraer deben controlar. Todos somos controladores de un modo u otro (aun si no nos identificamos como tales). Pero el Universo no responde a la energía controladora. Responde cuando relajamos el control y aceptamos la orientación divina. Cuando una energía controladora domina tus acciones, no obtendrás el resultado que deseas. La clave para que atraigas la satisfacción de tus deseos es que los sueltes.

Soltar nos brinda todo lo que deseamos, pero hacerlo es difícil. Tu temor se resistirá obstinadamente a ello. Es de esperar que algunas áreas de tu vida cedan más fácilmente al espíritu, y a otras se les dificulte hacerlo. Esto es normal. Por ejemplo, tal vez se te facilite depender del espíritu en tu carrera, no en tus relaciones. Practica el contacto con tus guías y cede las áreas a las que estás menos apegado, donde es poco lo que está en juego y puedes asumir el resultado con una actitud más relajada. Con el tiempo se te facilitará ceder en tus mayores apegos. Adopta este hábito cediendo en algo a lo que estés poco apegado. Deja que el espíritu te apoye en un área en la que te sea fácil recibir. Empezarás a acumular de este modo pruebas espirituales de que eres guiado. Estas pruebas harán que confíes en que el Universo te respalda y en que es inofensivo soltar. Cada momento de fe contribuye. Tu fe renovada te inspirará para que cedas áreas de tu vida cada vez más numerosas a un poder superior que comprendas.

El hábito de la conexión espiritual requiere que dependas de un poder superior más que de tu voluntad. Así, cede tanto lo pequeño como lo grande. Pide al espíritu que te ayude a preparar tus alimentos igual que como le pides ayuda en un problema de salud. Ninguna petición es demasiado grande o demasiado pequeña. El ámbito espiritual está a la espera de que pidas y recibas. Pon todo en manos del Universo y aguarda la orientación divina.

Cuando dependes de un poder superior, cultivas la aptitud de la quietud y la aceptación del momento presente. Esto evita que gastes tiempo o esfuerzo mental en preocuparte por cómo marchan las cosas. No te obsesionarás más con el futuro ni te desconcertará que algo no suceda aún. Te sentirás confiado en cualquier circunstancia. Cuando cultivamos nuestro contacto con el espíritu, confiamos en el Universo pase lo que pase.

CREE EN UN PODER SUPERIOR

La fe es un prerrequisito para ser un imán. Cada vez que sometemos nuestra voluntad al espíritu, aumentamos nuestra fe en un poder más grande que nosotros. No superarás tu temor ni creerás en la orientación espiritual de inmediato. Confío, sin embargo, en que estés en contacto regular con la guía espiritual para que fortalezcas tu fe cada día. Recita una oración, medita en la energía del amor, suspende durante un minuto tu incredulidad y siente paso a paso tu camino a la fe. Hay mucho alivio cuando sabes que un poder más grande que tú te guía en cada paso.

Cuando creemos en un poder superior, dejamos de preocuparnos, controlar y obsesionarnos con el cómo, cuándo o porqué. Nos hacemos a un lado y permitimos que el espíritu nos guíe. Permitimos que los demás nos ayuden y la intuición fluya, y creamos inspiradamente. Creer en la orientación espiritual nos da certeza, así como la libertad de seguir soñando aun cuando no podamos ver todavía el resultado. Si deseas obtener un resultado, el espíritu te dará paz entretanto. Cuando tu deseo parece lejano a tu alcance, el espíritu te da dirección e inspiración para que sigas adelante. La libertad, la paz y la dicha son producto de vivir en el espíritu. Y esto empieza con tu disposición a soltar.

Una parte de vivir en unión con tus guías espirituales consiste en confiar en que eres digno del amor del Universo. Tendemos a oponer resistencia a nuestra conexión espiritual porque en el fondo no creemos merecer apoyo ni amor incondicional. Nos creemos obligados a ser siempre los creadores y olvidamos que provenimos de una omnipresente energía de amor que nos creó. Vivir en conexión con el espíritu significa que recordamos que somos uno con esa energía de amor y que no hay nada que no podamos hacer cuando estamos alineados con el Universo. Pido que estos conceptos sean más que sólo palabras que lees en libros de espiritualidad. Pido que se vuelvan verdades profundas. Mereces conocer tu magnificencia, sentirte apoyado y vivir en paz. Los milagros son tu derecho natural. Es hora de que lo recuerdes.

Te exhorto a que rompas el molde y te diviertas con las prácticas de este capítulo. Ésta es una oportunidad de probar un nuevo patrón de conducta, ¡así que considérala una aventura! Cada vez será más fácil que te sueltes si te permites disfrutar del proceso y ser guiado. Con tu confianza en tus guías espirituales, permanecerás tranquilo, pues sabrás que te conducirán a cada paso.

Es muy emocionante escribir estas lecciones. Cada palabra que anoto es un recordatorio del apoyo a nuestro alcance en todo momento. Mi visión del apoyo que este libro te prestará es grandiosa. Tengo fe en un plan eficaz más allá del mío porque mientras tecleo estas palabras siento en mis manos el libre flujo de la energía creativa de la orientación espiritual y el amor. Ésta es una conexión espiritual y manifestación en acción, justo aquí y ahora.

Con tu conexión al espíritu, todo es posible. En el capítulo 8 aprovecharás a tus guías y la energía del Universo para que des los pasos siguientes en la co-creación de tus deseos.

Te enseñaré mi método para que actúes en alineación con la espiritualidad, el cual te dará seguridad en los pasos hacia la consumación de tus deseos. Emociónate por lo que viene e invita al espíritu a que prosiga contigo esta aventura.

Capítulo 8

Actúa en alineación con la espiritualidad

En 2008 tenía unos cuantos años de haber iniciado mi carrera como coach personal y oradora motivacional. Vivía en Nueva York y daba conferencias en hoteles, estudios de yoga y centros comunitarios. Impartía talleres grupales de coaching en mi departamento y predicaba ante quienquiera que me escuchara. Me encontraba en una misión de difundir mi mensaje entre la gente.

Sentí entonces que emergía un nuevo espíritu de los tiempos. Parecía en particular que más mujeres acudían a la espiritualidad en lugar de hacerlo a zapaterías exclusivas en busca de su felicidad. Muchas personas adquirían conciencia acerca de su salud y sustituían los cocteles y las discotecas por jugos de verduras y yoga. En el mundo entero, yo veía que individuos interesados en la espiritualidad ansiaban tener permiso para despertar. Me reconocí en ellos, cuando comenzaba mi senda espiritual. Buscaban una comunidad de personas que pensaran igual que ellos. Querían orientación sobre cómo abrirse a una conexión espiritual. Sentí que era mi responsabilidad informarles que no estaban solos. ¡Deseaba decirles que la espiritualidad estaba de moda y que eran libres de explorar nuevas creencias!

Estaba tan convencida de que debía propagar mi mensaje en una audiencia más numerosa que decidí aplicar mi habilidad en las relaciones públicas para correr la voz acerca de lo que veía suceder en torno mío. Una tarde tuve una idea inspirada y estallé: "Hay un movimiento nuevo de coaches personales y personas interesadas en la espiritualidad. ¡Publicaré un artículo sobre este tema en la sección Sunday Styles de *The New York Times*!".

Esto había surgido aparentemente de la nada, y la pasante que trabajaba conmigo me miró con una expresión confundida. Pero yo estaba inspirada y me sentía llena de fe y seguridad. Había escuchado la orientación divina que recibí y supe que era hora de hacerla realidad. Tomé el número de un reportero que escribía en la sección Styles y marqué de inmediato.

Para mi sorpresa, contestó él mismo.

—Habla Allen.

—¡Hola, Allen! Soy Gabby Bernstein —dije—. Nos conocimos hace tiempo en una cena en Soho. Te llamo porque tengo un excelente artículo para ti.

Allen dijo:

—Cuéntame rápido. No tengo mucho tiempo.

—Sí, ¡claro! —comprendí—. La idea es ésta: todas las mujeres que antes querían ser Carrie Bradshaw ahora desean ser como el autor de autoayuda Wayne Dyer. Hay un nuevo movimiento, y yo podría escribir un artículo sobre esta tendencia.

—Suena interesante. Te llamaré después.

Su tono era un tanto desdeñoso... pero me bastaba con su interés. Había sembrado la semilla y lanzado mi idea al Universo. Sabía por intuición que algo impresionante se avecinaba.

Pasaron cerca de nueve meses sin que yo supiera casi nada de Allen. Se reportaba de vez en cuando para saber en qué andaba yo y decirme que el interés en aquel artículo seguía vivo. Yo conservé la paciencia y la fe y confié en que, en combinación con esta última, mis fuertes propósitos serían suficientes para que mi visión de ese artículo se hiciera realidad. Me olvidé del asunto y dejé que el Universo hiciera lo suyo. En lugar de obsesionarme con cada correo electrónico o forzar algo, puse mi meta en manos del Universo. Sabía que todo se desenvolvería justo como debía hacerlo. Puse mi atención entonces en prestar servicio cada día, difundir mi mensaje y ayudar a que más personas descubrieran y reforzaran su conexión espiritual. *Un curso de milagros* afirma: "Quienes están seguros del resultado pueden darse el lujo de esperar, y de hacerlo sin ansiedad". Yo estaba segura de que, pasara lo que pasara, el efecto sería un bien mayor, lo que me facilitó ser paciente.

No recibí una respuesta sobre mi idea hasta el otoño de 2009, cuando Allen me llamó en forma inesperada y me dijo:

—Gabby, soy Allen. El *Times* quiere tu artículo. Tengo una semana para entrevistarte, tomarte una foto, conocer tu coaching grupal y escribir la nota. ¡Comencemos!

¡Mi artículo cobraría vida! Menos de veinticuatro horas después había programado la sesión de fotos y concertado una cita para mi entrevista con Allen.

Ese miércoles a las nueve de la noche, Allen llegó a mi pequeño departamento para presenciar mi sesión de coaching grupal, en la que participaban jóvenes y entusiastas mujeres que meditaban y oraban. Después me entrevistó para hacerse una idea más clara de mi trabajo. Nos sentamos en un futón detrás del cual estaba colgado un inmenso mural de deseos que cubría la pared entera. Ese mural contenía imágenes que yo había recolectado para que representaran todos los sueños de mi vida: una afectuosa pareja con la que me tomaba de la mano, anillos de compromiso, citas inspiracionales y playas de blanca arena.

En la esquina inferior derecha había fijado el titular de la sección Sunday Styles del *New York Times*. Allen lo señaló y preguntó:

—¿Y eso por qué está ahí?

Le expliqué que yo ya llevaba algo de tiempo manifestando ese artículo. Tres años antes había visto un artículo en la sección Styles sobre unas amigas mías que se dedicaban a bloguear acerca de toda suerte de platillos. Mientras lo leía, se me ocurrió que algo como eso sería muy bueno para mi trabajo. Así, recorté el titular de esa sección y lo añadí a mi mural de deseos, donde había permanecido tres años.

Allen se mostró sorprendido. Me miró y dijo:

—¡Yo escribí ese artículo sobre las blogueras de platillos! Ése es el titular de la nota que escribí hace tres años. Y ahora, tres años después, heme aquí escribiendo el artículo principal sobre ti para la sección Styles. ¡Vaya! Supongo que toda esta cosa espiritual da resultado.

Sonreí en ese momento, mientras recibía un pequeño guiño del Universo. Esa sincronía era señal inequívoca de que yo me había rendido a las leyes naturales de la manifestación y permitido que el Universo me respaldara al tiempo que cocreaba mi realidad.

Por fortuna, yo no había intentado controlar esa manifestación, sino que permití que cobrara forma por sí sola. Aquel artículo fue un importante catalizador de mi carrera y contribuyó a que cumpliera mi visión de compartir la espiritualidad con un público más amplio. Mi paciencia, certidumbre y fe generaron el espacio necesario para que el Universo, mis guías y los ángeles cumpliesen su parte. El espíritu opera a través de la gente para apoyar tu gran labor en el mundo. Cuando sigues tu intuición e inspiración, puedes estar seguro de que el espíritu te guía. Sé que muchos espíritus trabajaron por medio de Allen para que eso fuera posible.

Este caso es un buen ejemplo de cómo podemos cocrear sin esfuerzo con el Universo cuando fundimos nuestras acciones con la inspiración. Sin que lo supiera entonces, yo había aplicado un método específico para manifestar mi visión en la realidad. Hoy lo llamo el Método para actuar en alineación con la espiritualidad. Cuando aplicas este método a lo que deseas, sea lo que fuere, puedes confiar en que cocreas con el Universo en lugar de que te esfuerces para que una visión cobre forma.

El Método para actuar en alineación con la espiritualidad es una práctica que requiere inspiración y fe en el espíritu. Cuando fundimos nuestro deseo con nuestra fe, podemos actuar con base en un estado de paz, no de control. Esta presencia de la paz permite que el Universo nos apoye por completo. Cuando actuamos en alineación con la espiritualidad, podemos confiar en que una energía superior a la nuestra trabaja a nuestro favor y en que todo saldrá bien, aun si no sabemos cuándo o cómo sucederá eso. Este método te ayudará a que sintonices tu energía con esa apacible e inspirada presencia a fin de que todo lo que hagas cuente con el respaldo de tu poder como imán. ¡Sigue estos pasos y practícalos con regularidad para que veas que el Universo puede ser muy alentador cuando actúas en alineación con la espiritualidad!

MI MÉTODO PARA ACTUAR EN ALINEACIÓN CON LA ESPIRITUALIDAD

Paso 1: Confirma que tu deseo se basa en la inspiración y el servicio

Mi deseo de que se me dedicara un reportaje especial en la sección Sunday Styles de *The New York Times* se fundaba en el servicio. Sabía que ese artículo contribuiría a que muchas personas que se interesaban recientemente en la espiritualidad se sintieran menos solas, remediaran sus percepciones aprensivas y se convirtieran en un sistema de apoyo para otros individuos en busca de soluciones. Este deseo de servir me inspiró enormemente. Sabía muy bien qué se sentía ser nuevo en el terreno de la espiritualidad y quería que otros, como yo, nunca se sintieran solos. Había anhelado una sensación de pertenencia cuando emprendí mi senda espiritual. Con el servicio y la inspiración detrás de mi deseo de aparecer en el *Times*, eliminé toda incredulidad. Mantuve mi compromiso con mi manifestación apegada a pensamientos de vibración alta acerca de cómo ese artículo sería de utilidad para los lectores en busca de un despertar espiritual.

Cuando el deseo que manifiestas se alinea con el servicio y la inspiración, es invencible. Dado que mi principal intención era difundir el mensaje de la conciencia espiritual entre principiantes, el proceso contaba con el respaldo de una imparable fuerza de inspiración. No se trataba de alimentar mi ego. Quería contribuir al despertar de una nueva generación de buscadores. Esta experiencia me dio una lección clara y perdurable: las manifestaciones verdaderas son impulsadas por el servicio y la inspiración.

Quizá pienses: "¿Cómo puedo saber que mi deseo se basa en el servicio y la inspiración?". Y también: "¿Y si lo que quiero no tiene nada que ver con cambiar el mundo? ¿Si lo único que quiero es encontrar el amor o salir de deudas? ¿Qué servicio puede proporcionar esto a los demás?". Es importante que comprendas que si tu deseo te da felicidad, cuenta con el respaldo de la inspiración. Mientras tu deseo esté dentro de la búsqueda de un bien mayor para todos, puedes confiar en que será apoyado por el espíritu. Tu sincero gozo y deseo de servir darán más luz al mundo. Sin embargo, es igualmente importante que sintonices con el motivo de que desees algo y sepas que la energía está detrás de eso. Hay ocasiones en las que en realidad queremos algo porque hará que nos sintamos mejores o más especiales que los demás. En otras ocasiones deseamos algo porque tenemos la esperanza de que oculte una de nuestras heridas más profundas y nos ayude a eludir su curación. Por ejemplo, es probable que desees un ascenso en el trabajo para que tu familia te apruebe. O que quieras comprar algo muy caro para que se lo presumas a tus amigos. O que desees tener una relación porque no te sientes completo y temes quedarte solo. Los deseos de estos ejemplos se basan en la escasez y el temor. No son inspirados ni se orientan al servicio porque están repletos de la necesidad de validación o un fin externo, no de paz interior. Revisa todos los deseos impulsados por tu ego que puedan estar presentes. Es maravilloso que no tengas que disculparte por lo que quieres, pero siempre presta atención a la energía que respalda tu deseo.

Una forma sencilla de esclarecer la energía que está detrás de tu deseo es que te preguntes: "¿Este deseo hace que me sienta inspirado y que sirva a los demás?". Date un momento para que escribas en tu diario cómo te anima tu deseo. Luego llega más lejos y escribe sobre el modo en que tu inspiración y energía positiva prestan un servicio a otros. Deja que la pluma fluya y escribe en busca de una firme alineación. Cuando alineas tu energía con el servicio y la inspiración, puedes confiar en que impulsará tu visión. Escribe en tu diario durante al menos cinco minutos y al final lee lo que escribiste. Experimenta las sensaciones de gozo, inspiración y gran contribución. Date permiso de celebrar tus deseos.

Paso 2: Ten fe en que el Universo cumplirá

Como yo me sentía tan inspirada y tan conectada con el servicio que estaba detrás de mi deseo, fue fácil que creyera que el Universo me respaldaba. Sabía que había público para mi labor y que era necesario que ésta saliera al mundo. Cuando reflexionaba en cuánto me habían servido en mi camino mis maestros espirituales, sabía que podía hacer lo mismo por una nueva generación de buscadores. Mi deseo me animaba tanto que reclamé sin disculpas mi visión de poner mi trabajo frente a las personas que más lo necesitaban. Cuando estamos en alineación espiritual con nuestros deseos, podemos tener fe en que el Universo co-crea con nosotros.

Había asimismo mucha claridad detrás de mi deseo. Sabía que era preciso que ese artículo apareciera en la sección Sunday Styles de *The New York Times* porque ahí estaban mis lectores. Ellos buscaban la felicidad en la siguiente tendencia de la moda, y yo vi una magnífica oportunidad de aparecer justo donde estaban y recordarles lo que en verdad más querían: una vida espiritual. Pero no limité mi fe. Confié en que sería *The New York Times* o algo mejor. Cuando afirmas tu deseo, es importante que enuncies claramente qué quieres y cedas después añadiendo: "Esto o algo mejor". De esta manera permaneces abierto a la orientación creativa del Universo y no limitas tu poder de manifestación. ¡Con frecuencia el Universo tiene un plan mejor que el tuyo!

Cuanto más creas en el apoyo del Universo, más recibirás. Aceptarás que la manifestación es un proceso colaborativo y que el espíritu dirigirá el camino cuando estés inspirado. Yo creía en mi visión porque hacía que me sintiera bien. La fuerza de mi fe fue lo que me dio el valor interior de tomar el teléfono y llamarle a Allen. La fe aparece cuando no te disculpas por tus deseos ni temes reclamarlos. Mediante la oración y la meditación diarias permanecí conectada al espíritu y servicio que estaban detrás de mi deseo. Mantener esta conexión permitió que preservara mi compromiso con mi visión, aun cuando Allen guardó silencio durante varios meses.

Tu ego podría resistirse al concepto de creer en la orientación del Universo. Cuando notes esta resistencia, vuelve a tu diario y lee lo que escribiste sobre la forma en que tu deseo te da felicidad y sirve al mundo. Entre más alinees tus pensamientos y energía con el gozo y servicio de tu deseo, más creerás en que el Universo te apoya.

Paso 3: Actúa con base en la alineación espiritual

Con inspiración, servicio y fe, estás listo para actuar. Sabrás que actúas en alineación con la espiritualidad porque sentirás que lo haces casi sin esfuerzo. No dudarás de ti ni pedirás opiniones a otros. Te sentirás en contacto con cada paso que des. Toda acción será respaldada por una seguridad y audacia genuinas. No hallarás ninguna resistencia en tu camino.

Estaba en un claro estado de alineación espiritual cuando tomé osadamente el teléfono para proponerle una idea a *The New York Times*. Mis altas vibraciones y seguridad se dejaron sentir a través de la línea telefónica. Si hubiera carecido de alineación espiritual en ese momento, Allen habría colgado antes de que le hablara de mi idea. La alineación espiritual es lo que pone en movimiento la manifestación.

Actuar en alineación con la espiritualidad procura una sensación impresionante. No te cuestionas, eres optimista y sabes que sigues el camino correcto. Ni siquiera importa cómo respondan los demás, porque tu alineación es suficiente para que un impulso positivo no cese de fluir por tus deseos. El Universo reflejará pronto en ti la alineación. Los pasos siguientes se desenvolverán con toda naturalidad. Toda acción que emprendas con base en la alineación espiritual dispondrá de un apoyo enorme.

Paso 4: Ten paciencia

Gracias a mi paciencia, no presioné a Allen para que escribiera ese artículo. Si lo hubiera hecho, quizá lo habría hecho enojar y hubiera perdido esa oportunidad. En cambio, me establecí en mi fe sólida y permití que el artículo apareciera en el momento perfecto. Esa nota se publicó un mes antes que mi primer libro, *Add More ~ing to Your Life*, y justo antes de que yo iniciara una gira de presentaciones. Esta publicidad me abrió incontables puertas en lo sucesivo. La paciencia y mi fe en el sentido universal de oportunidad hicieron que la manifestación ocurriera en el momento perfecto.

Es importante que comprendas que la paciencia es una gran virtud en lo que respecta a la atracción del cumplimiento de tus deseos. Cuando estás en contacto con la sensación de saber que lo que te suceda será acorde con un bien mayor, puedes relajarte y confiar que está en camino. Si al leer esto piensas: "¡Estoy perdido! La paciencia no es mi fuerte", déjame que te diga que puedes cultivarla si sigues los tres primeros pasos de este método. Cuando fusionas inspiración, servicio y fe, puedes confiar en que estás alineado con el espíritu y en que serás guiado al mayor bien para todos. Emociónate, piensa en grande y no temas creer en tu visión. Si lo haces, la paciencia llegará en forma natural.

LA MANIFESTACIÓN ES UN ARTE

El Método para actuar en alineación con la espiritualidad te dará acceso a tu creativa fuerza interior. Lo mismo que en todo proyecto creativo, debemos pulir nuestras habilidades y permitir que la inspiración nos invada. Cuando encarnamos esa fuerza creativa, la vida se vuelve muy divertida. Pero es esencial que sepas que la manifestación no tiene que ver con ejercer un control absoluto ni con satisfacer todos nuestros deseos inmediatos. La verdadera manifestación ni siquiera tiene que ver con conseguir lo que creemos que queremos. Se relaciona con la recepción del bien mayor para todos. Sí, tendrás experiencias en las que atraerás justo el resultado que proyectaste. Pero la meta no es que controles los resultados para que obtengas exactamente lo que deseas. ¡Recuerda que tu plan no siempre es el mejor! Cuando te abandonas al arte de la manifestación, puedes confiar en que el espíritu te guía hacia tus deseos y mucho más.

La manifestación es el proceso creativo de alinearse con la energía del Universo para co-crear una experiencia que eleve tu espíritu y el espíritu del mundo. Manifestar no es obtener; es transformar. Cuanto más sueltas, más te transformas en el destinatario ideal de lo que deseas. Recuerda que tu energía atrae a su semejante. Si sigues el Método para actuar en alineación con la espiritualidad, te harás a un lado y dejarás que el Universo te apoye. Ya no te sentirás estancado, bloqueado o impotente. Aprovecharás tus fuerzas creativas internas y emprenderás acciones eficaces con base en tu poder como imán. La energía positiva y llena de fe que encarnes será un reflejo de la energía del Universo. En un estado de flujo positivo, el Universo coincide con tu frecuencia vibracional y te alinea con tus deseos. Cuando estás espiritualmente alineado, escuchas la voz de tu sabiduría interior y dejas que el amor del Universo te conduzca, te hallas en un estado de fe, no de miedo. Cuando sigues el método para actuar en alineación con la espiritualidad, permites que el Universo te guíe al bien mayor.

PROBEMOS EL MÉTODO AHORA

Para empezar, haz un sincero inventario de las formas en que pides lo que crees necesitar. ¿En qué sentido controlas tus acciones para forzar un resultado? ¿Pruebas diferentes tácticas para obligar a tu pareja a que sea como no es? ¿Presionas para lograr que tu trabajo se vea en las redes sociales? Examina el modo en que tus actos se fundan en el temor antes que en la fe. Presta atención regularmente a la manera en que tus peticiones controladoras al Universo impiden que recibas el bien mayor.

Es bueno que seas honesto sobre la forma en que bloqueas el flujo del Universo. Debemos analizar nuestro ego para ponerlo bajo la luz. En incontables ocasiones yo he tratado de controlar en lugar de rendirme. Intenté controlar el momento de mi concepción y el resultado del lanzamiento de un libro, y dediqué mi década de los veinte años a tratar de controlar a todas mis parejas para sentirme a salvo. No me avergüenza que me haya desviado al temor. Me enorgullece poder ver esos momentos desalineados como oportunidades de atestiguar mi desconexión del Universo. Cuanto más pronto examines la forma en que intentas controlar al Universo, más pronto te rendirás a él.

Haz en tu diario una lista de todas las maneras en las que controlas tus deseos.

Una vez que aclares el modo en el que tratas de controlar las situaciones, es momento de que redirijas tu energía y apliques el Método para actuar en alineación con la espiritualidad. Elige un área de tu vida que hayas controlado y aplica en ella este método durante la semana siguiente.

1. **Indaga la inspiración que está detrás de tu deseo y ve en qué forma esa inspiración sirve al mundo.** Haz en tu diario una lista de todas las maneras en que tu deseo te entusiasma y el servicio que ese entusiasmo presta a los demás. Recuerda que tu gozo es útil siempre que no ocurra a expensas de otros. Tu deseo de felicidad no es egoísta. Tu gozo es un don que haces al mundo y a todos los que te rodean.
2. **Ten fe en que el Universo cumplirá.** Escribe claramente en tu diario qué deseas y entrégate al final añadiendo: "Esto o algo mejor". Después dedica un poco de tiempo de tu meditación diaria en silencio a alinear tu energía con el servicio y la inspiración que están detrás de tu deseo. En tu meditación, olvida todas tus dudas y preguntas y sueña en tu visión. Siente la inspiración y el servicio que hay detrás de tu deseo. Visualízate en el cumplimiento de tu deseo y de toda la energía positiva que das al mundo. Observa a las personas que serán elevadas cuando presencien tu deseo y tu gozo. Deja que tu fe se asiente. Meditar en el servicio y la inspiración detrás de tu deseo te ayudará a creer que mereces darle vida. Para una guía en audio de este proceso, descarga mi meditación gratuita de visualización en la página de recursos de este libro, en GabbyBernstein.com/SuperAttractor.
3. **Actúa con base en una alineación espiritual.** Tan pronto como sientas que los pasos 1 y 2 han surtido efecto,

sabrás que estás listo para actuar en alineación con la espiritualidad, porque te sentirás relajado, lleno de fe y seguro de ti mismo. Un signo infalible de que es momento de que actúes es que ya no te aferres al resultado. El desapego implica fe. Siente la fe detrás de tu deseo y da con resolución tu primer paso. Toma el teléfono, llámale a la mujer que admiras y pídele una cita. O haz una propuesta de un nuevo y atrevido proyecto en el trabajo. En cuanto te sientas alineado, actúa.

4. **Sé paciente.** La paciencia implica que sabes que tu deseo está en camino. Cuando eres paciente, dejas que el Universo haga por ti lo que no puedes hacer por ti mismo. Abre espacio para que la energía del Universo te apoye en formas que ni siquiera imaginas. Practica la paciencia y concede.

Para practicar la paciencia, usa esta oración para soltar y conceder:

> Me apoyo en la inspiración de mis deseos y sé que esto basta para conducirme al bien mayor. Entrego este deseo al Universo y sé que seré guiado.

Tu paciencia será valiosa cuando esperes a que los demás apoyen tus deseos. La paciencia deja lugar para que el Universo opere en la gente. Cuando ya no asfixias a los demás para que las cosas sucedan conforme a tu agenda, los dejas en libertad de recibir orientación del Universo. Cuando alguien se siente presionado, no puede recibir los mensajes que necesita para apoyar tus deseos. Ésta es una lección importante que he aprendido a aplicar con mi equipo. Como emprendedora, he tenido que practicar mucha paciencia. Tan pronto como suelto el control, aplico el Método para actuar en alineación con la espiritualidad y acepto la paciencia, mi equipo se revela en las formas más espléndidas. Me ofrece ideas que nunca se me habrían ocurrido y toma decisiones creativas sin pensar en que yo tengo la última palabra. Deja en libertad a los demás para que el Universo actúe a través de ellos.

Las personas pacientes emiten una energía de expansión, paz y sensatez. Esta frecuencia vibracional es justo aquella a la que el Universo responde. Mira con paciencia mientras los increíbles dones de tu creación cobran forma con naturalidad. Admira la obra y sentido de oportunidad del Universo. Si sueltas y concedes, el resultado te impresionará.

PRESTA ATENCIÓN A CÓMO SE SIENTE ACTUAR EN ALINEACIÓN CON LA ESPIRITUALIDAD

Después de una semana de practicar el método para actuar en alineación con la espiritualidad, documenta tu experiencia en tu diario. Describe con gran detalle qué se siente actuar con base en ese estado. Quizá te hayas sentido libre y extrovertido. Tal vez respiraste aliviado, ya no obsesionado con un resultado. Escribe esto para que recuerdes esa sensación y tu estado emocional. Saber cómo te sientes cuando actúas en alineación con la espiritualidad te ayudará la próxima vez que emprendas una acción. Aclara lo más posible la diferencia entre lo que se siente actuar con base en el miedo y con base en la fe. Conoce íntimamente esta diferencia para que te descubras en el momento exacto y hagas un viraje. Cuando te sorprendas desalineado de tus acciones, vuelve a este método de cuatro pasos y realinéate. Actuar a partir de un estado distinto al de la alineación con la espiritualidad no atraerá apoyo para tus deseos.

LAS PROMESAS DEL MÉTODO PARA ACTUAR EN ALINEACIÓN CON LA ESPIRITUALIDAD

Cuando practiques este método de manera sistemática, ya no sentirás la necesidad de controlar tu existencia. Te sentirás potenciado por las acciones que emprendas. Te sentirás en muchos sentidos una persona nueva. Cuando dejas de controlar y empiezas a conceder, tu sistema nervioso cambia. ¡Esto me pasó a mí en una forma increíble! Cuando me rendí por completo al Método para actuar en alineación con la espiritualidad y lo convertí en mi procedimiento normal, mi vida se transformó totalmente. Me sentí menos estresada, mi mente se despejó y mi cuerpo se relajó. Me sentí más apoyada por el Universo y los demás y percibí orientación divina en cada paso. Mejor todavía, me sentí serena al saber que mis acciones espiritualmente alineadas bastarían para poner en marcha mis deseos. Sabía que había hecho mi parte y que entre más paciente fuera, más recibiría. Aprendí a hacerme a un lado y no interferir con el orden natural.

Es mi esperanza que este método te potencie y sustente y, sobre todo, te dé paz. Cuando confías en que tus acciones alineadas son suficientes, puedes dejar de presionar y empezar a recibir. ¡Esta manera de vivir es increíble! Si has tratado de controlar la vida, te exhorto vivamente a que hagas de este método tu prioridad. Aun si no aplicas los demás principios de este texto y sólo dominas este método, sentirás que tu poder como imán aumenta inmensamente. ¡Quisiera enterarme de los milagros que recibas! Practica con diligencia este método a lo largo de un mes, para que después me mandes un correo electrónico en la página de recursos en GabbyBernstein.com/SuperAttractor y me cuentes qué sucedió. ¡Quiero celebrar esos milagros contigo!

La aplicación del Método para actuar en alineación con la espiritualidad es un gran servicio al mundo. Cuando actúas con base en la inspiración, el servicio y la fe, el Universo genera una fuerza que tiene gran impacto en los demás. El artículo que manifesté en la primera plana de la sección Sunday Styles no fue sólo una manifestación imponente; fue también un servicio divino al mundo. Ese artículo llevó mis enseñanzas espirituales a los nuevos buscadores, a quienes ayudó a descubrir su senda espiritual.

Una semana después de que se publicó esa nota, recibí una llamada de Nicole, una joven que vivía en Nueva York. Ella me dijo:

—Leí el artículo de la sección Sunday Styles ¡y es justo lo que necesitaba! He tenido muchas dificultades para encontrar propósito y felicidad, y tu labor me inspiró a desplazar mi atención y abrirme a una senda espiritual.

Nuestra conversación llevó a Nicole a tener sesiones privadas de coaching conmigo. Trabajamos en común varios años y su vida cambió en forma drástica. Recibió con gusto un mundo más allá de la apresurada vida en Nueva York, la revista de modas en la que trabajaba y su nivel social. Aceptó una vida espiritual que le dio todo lo que deseaba. Hoy, más de una década después, Nicole es una autorizada experta en bienestar, una guía espiritual de su comunidad y una madre muy alineada. Somos buenas amigas y me siento muy orgullosa de su contribución al mundo. Ambas sabemos que el artículo que leyó durante su desayuno sobre una joven en una senda espiritual fue el catalizador de su propia toma de conciencia, la cual redirigió el curso de su vida.

Cuando actúes en alineación con la espiritualidad, tus deseos serán apoyados en formas que jamás habrías imaginado. Confía en que este método incrementará tu fuerza de atracción, te concederá una tranquilidad enorme ¡y apoyará al mundo! Tu deseo basado en el servicio, tu fe y tu paciencia te pondrán en enérgica alineación con el Universo, lo que abrirá el camino a milagros que están mucho más allá de los que tú podrías "lograr".

La práctica del Método para actuar en alineación con la espiritualidad te preparará para que reclames tus deseos cuando el Universo los ofrece. Un modo eficaz en que reclamamos nuestros deseos y multiplicamos los milagros es valorar cada vez más. En el capítulo siguiente te guiaré para que conviertas la valoración en una práctica diaria. Cuando valoras libre, abierta y constantemente todo lo que prospera, cada preciosa lección que has aprendido y todos los milagros que recibes, te vuelves un imán de la grandeza. Da vuelta a la página y acoge con regocijo el poder de la valoración.

Capítulo 9

Valora cada vez más

En 2012, como parte de mi gira de presentaciones de *Spirit Junkie*, mi editorial en el Reino Unido, Hay House, me invitó a Londres. Nunca había estado en esa ciudad, así que me resultó muy grato ser recibida por la joven y entusiasta publicista de Hay House, Jessica. Ella era casi de mi edad y muy decidida. ¡Me recibió con mucho gusto! Había organizado y planeado a la perfección mi estancia de dos semanas. No sólo había coordinado varios eventos, sino que también me había conseguido algunos de los mejores escaparates mediáticos de ese país. Su empeño, profesionalismo y cautivadora personalidad me dejaron asombrada. Y por si fuera poco, ¡me llevó a sus sitios favoritos para tomar té y comer exquisitos pastelillos!

Pasamos mucho tiempo juntas durante esas dos semanas. Confiaba mucho en ella, y algo en su energía me hacía sentir muy protegida. Hacia el final de mi estancia, hicimos un viaje a Birmingham, donde estaba previsto que yo diera una charla. ¡Fue toda una aventura! Nos reunimos en la estación del tren y emprendimos el trayecto de dos horas y media rumbo al norte. Durante el viaje, hablamos de todo lo que esperábamos manifestar en nuestras vidas. Entonces le confesé a Jessica:

—La próxima semana me encontraré con mi novio en París y creo que me propondrá matrimonio.

—¡Qué coincidencia! —respondió—. Yo voy a viajar con mi novio a Portugal dentro de dos semanas, ¡y también tengo la impresión de que me pedirá que me case con él!

Hablamos animadamente de cómo veíamos nuestro futuro con nuestros inminentes prometidos, los hijos que esperábamos tener y nuestra carrera. Lo que más queríamos en la vida era la libertad de hacer lo que nos diera alegría. Jessica me confió que aunque le agradaba vivir en Londres y estaba muy agradecida con su empleo, esperaba vivir algún día en una ciudad rural más tranquila y apacible. Soñaba con tener un empleo que le permitiera trabajar en casa y permanecer con sus hijos. La escuché con atención y dije:

—Con tus habilidades, podrías encontrar trabajo en cualquier parte. ¡La gente siempre busca grandes publicistas y organizadores!

Añadí que valoraba mucho su pericia y esfuerzo. Alabé su ética de trabajo y le expresé mi más profundo agradecimiento. Y de repente le dije, como salido de la nada:

—Tal vez un día trabajemos juntas. ¡¿Te imaginas?!

Ella dijo:

—¡Sería como un sueño!

Después de mi exitoso viaje al Reino Unido, me dirigí a París, muy agradecida con Jessica y todo su apoyo. Como esperaba, ¡Zach me propuso matrimonio en París! Estaba eufórica. Cuando regresé a Nueva York, le mandé un correo electrónico a Jessica para darle la noticia. ¡Me respondió que también su novio le había propuesto que se casaran! Los deseos de los que habíamos hablado en el tren comenzaban a manifestarse.

Pasaron cuatro años y yo seguía trabajando con Jessica siempre que visitaba el Reino Unido. Cada año nos hacíamos más amigas. Para entonces había sido ascendida a directora de eventos de Hay House U.K. La vi desplegar su gran seguridad en su trabajo: florecía. Pese a su gran éxito, no me sorprendió recibir un correo suyo en el que me avisaba que se mudaría al campo y buscaría un nuevo empleo fuera de la ciudad. Le daba tristeza dejar su magnífico puesto en Hay House, pero sabía que era la decisión correcta para su futuro. Quería tener un hijo, trabajar en casa y vivir con la tranquilidad que un largo trayecto a Londres no le permitiría.

En muchos sentidos, Jessica y yo avanzábamos al mismo ritmo. Zach y yo pasábamos cada vez más tiempo fuera de Nueva York. Para entonces, yo ya buscaba serenarme a conciencia y repetía mi mantra de vida: "Me siento auxiliada y protegida". Manifestaba más apoyo en mi carrera y estaba abierta a posibilidades creativas. El día en que recibí el correo en el que Jessica me informaba que había dejado Hay House y se había mudado al campo, una ruidosa voz interior habló por mí y dijo: "¡Trabaja con ella!". Ignoraba si esto tenía sentido, porque no necesitaba contratar a una organizadora de eventos ni a una publicista. Pero sabía que ella trabajaba con ahínco y era muy inteligente, y tenía la impresión de que podría resolver cualquier cosa que yo le propusiera. Así que seguí mis instintos y le llamé de inmediato para ofrecerle un puesto. Aceptó en el acto. Menos de un mes después de que ella había comenzado a trabajar conmigo, era obvio que se convertiría en parte integral de mi equipo.

Hoy Jessica vive en el campo con su esposo y su bebé ¡y trabaja conmigo como gerente ejecutiva de proyectos! Me recuerda con regularidad que agradece mucho trabajar en una compañía tan comprometida con su misión, ayudar a tantas personas y divertirse mucho. Nos hemos dado una a otra libertad, seguridad y crecimiento. Un poco de soñar y un mucho de valorar dieron forma a nuestros deseos. No hay día en que yo no valore todo lo que Jessica aporta a mi empresa y a mi vida. Nuestra mutua valoración ha generado una relación de trabajo como nunca la imaginamos. ¡Tenemos todo lo que esperábamos!

Creo que esta manifestación divina provino de la energía de la valoración. Las sensaciones de valoración y entusiasmo que experimentamos en aquel tren en 2012 emitieron un claro deseo al Universo. Nuestra mutua valoración dejó atrás toda duda y resistencia. La valoración abrió el camino para que la manifestación ocurriera en forma natural y en el momento perfecto.

Uno de los elementos más importantes de la co-creación de la vida que deseas es permitir que la valoración te conduzca. Creas más de aquello que valoras. Esto se debe a que cuando te encuentras en un estado de valoración, estás en alineación vibracional con tu verdadera naturaleza amorosa. La valoración es una energía de aceptación y no resistencia, y sin resistencia somos imanes. En un estado de valoración, te muestras relajado, confiado y lleno de fe. Ésa es la energía perfecta para permitir que tus deseos cobren forma. Cuando te alineas con la valoración, puedes entregar tus deseos al Universo y confiar en un plan más allá del tuyo. Ése fue el caso de Jessica y mío. Nos centramos en la valoración y el Universo nos condujo en la dirección correcta.

LA VALORACIÓN TE HACE A UN LADO

La meta de este libro es que relajes tu control y permitas que el Universo apoye tus deseos. La forma más rápida de renunciar al control es la adopción de un estado de valoración. Cuando asumes esta energía, te sientes bien en el momento presente, más allá de si tus deseos ya se manifestaron o no y te diviertes en el camino a lo que deseas. Cuando nos hallamos en un estado de valoración, permitimos con deliberación que un mayor número de las cosas que queremos lleguen a nosotros mientras se disuelven los obstáculos ante la presencia de nuestro poder como imanes.

LA VALORACIÓN TE CONECTA CON TU PODER COMO IMÁN

Cuando diriges tu atención a lo que funciona y prospera, te sientes bien, y este estado es lo que atrae a un número mayor de las cosas que deseas. Sin embargo, muchas personas actúan precisamente al contrario. Se obsesionan con lo que no da resultado porque están desesperadas. O se quejan con frecuencia, lo que quizá les ofrezca un alivio temporal de su malestar pero nada más. Fijarse en lo negativo no hace más que crear un mayor número de cosas que no queremos, mientras que si nos centramos en lo que valoramos en la vida nos desplazamos a un mejor punto de atracción. Casi todos estamos agradecidos por algún aspecto de nuestro mundo. Es común que cuando le hago esta sugerencia a la gente, encuentre cierta resistencia. Muchos dicen cosas como "Si agradezco esta mala situación, me estancaré en ella". Piensan que su valoración le indica al Universo que están contentos justo donde se hallan.

De hecho, su gratitud es su boleto de salida. Prestar atención a que te sientas bien es mucho más valioso que hacerlo a tu meta o deseo precisos. El Universo responde a la *energía* y brinda circunstancias y oportunidades con una vibración semejante. Si tu deseo parece fuera de tu alcance, concéntrate en sentirte bien y te aproximarás a él. Permite que el Universo responda rápido a tus emociones agradables, y antes de que te des cuenta estarás más cerca de lo que deseas en verdad.

Valorar lo que tienes te ubica en el estado de ánimo correcto para que recibas mejores oportunidades y te vuelve más receptivo a soluciones creativas que, de lo contrario, pasarías por alto. Abre espacio para que prestes atención a la bondad y el apoyo de otros. Hay una energía muy poderosa detrás de la emoción de la valoración, la cual te elevará, abrirá tu mente y hará de ti un imán de lo que deseas.

No tienes que buscar una valoración de las cosas que no funcionan. En cambio, aprecia todo lo demás; lo que no funciona se beneficiará de eso. Asumir una energía de valoración es la salida más veloz de una obsesión negativa. Un excelente ejemplo de esto es mi amigo Alex. Tomó una mala decisión de negocios de la que no podía desprenderse. Durante meses se obsesionó con lo que pudo hacer de otra forma y lo mejor que habrían resultado las cosas si no hubiera tomado esa decisión. Su punto de atracción se centraba en lo que no funcionaba antes que en lo que daba resultado. Y entre más trataba de salir de la negatividad, más negativo se sentía. Esto se debe a que cuando nos empeñamos en abandonar una actitud negativa, en ocasiones la dotamos de más energía. Alex tocó fondo por fin en su obsesión negativa y me pidió ayuda. En un afán de guiarlo a una nueva energía, le pregunté qué valoraba en su vida en ese momento. Su primera respuesta fue:

—Muchas cosas en realidad, pero todo eso parece fuera de mi alcance, porque en lo único en lo que puedo pensar es en el gran error que cometí.

Le expliqué que en ese momento no podría pensar en la salida de su situación negativa, pero sí podía desplazar su atención a otra cosa. Dispuesto a seguir la corriente, intentó buscar motivos de agradecimiento. Habló de lo mucho que apreciaba a su esposa e hijos; nuestra amistad; su capacidad para aprender de sus errores. Y de pronto soltó:

—¡Vaya! En realidad aprecio este error, ¡porque no lo volveré a cometer!

En cuestión de segundos, fue capaz de salir mentalmente de su situación negativa gracias a la valoración. Su apreciación general lo condujo suavemente a valorar incluso sus circunstancias de ese momento.

¡Haz la prueba! Piensa en un área de tu vida en la que quisieras que las cosas fueran distintas. Tal vez deseas una satisfactoria relación amorosa. En lugar de pensar en lo difícil que es salir con alguien y en que no soportas a las personas con las que estableces contacto, busca algo que agradezcas en tu existencia justo ahora. Piensa en la satisfactoria relación que mantienes con un buen amigo. Valora a tu familia y comunidad. Si aprecias las relaciones que funcionan, cambiarás tu energía respecto a las relaciones en su conjunto. También puedes ser más general en tus pensamientos y apreciar tu salud, proyectos creativos o cualquier otra cosa que hace que te sientas muy bien. Quizá desees manifestar más abundancia en tu vida pero no puedes dejar de pensar en tus deudas. Comienza por apreciar la abundancia que tienes. Agradece tu acceso a este libro. Agradece que internet sea un recurso tan efectivo para buscar empleo o ganar dinero en línea. Tan pronto como redirijas tu atención, encarnarás la sensación de abundancia necesaria para que seas un imán. Esa sensación atraerá más abundancia a tu vida.

HAZ DE LA VALORACIÓN UN HÁBITO

Existen muchos medios para que hagas de la valoración un hábito. ¡Uno de ellos es iniciar así tu día! Escribe todas las mañanas de tres a cinco páginas de agradecimiento en tu diario. Abraham-Hicks llama a este ejercicio "una avalancha de valoración". A medida que llenes cada página con tu agradecimiento, el amor interior aumentará y te sentirás muy bien. Puedes escribir acerca de las cosas más simples. Escribe cuánto valoras tu confortable cama, tu café matutino, tu trabajo, a tus amigos. O como diría mi querido amigo Joe Watson: "Da gracias de que te hayas levantado esta mañana, todo lo demás es ganancia". Puedes ser muy específico y escribir acerca de cuánto te valoras por el modo en que manejaste una situación el día anterior. Incorpórate a un ágil flujo de apreciación y deja que tu pluma se deslice por páginas enteras. También puedes hacer el ejercicio de escribir en tu diario antes de que te acuestes. Si te duermes en un estado de gratitud, elevarás tu vibración mientras descansas. Cuando despiertes a la mañana siguiente, no sentirás resistencia, sólo amor.

VALORA CADA VEZ MÁS

Una vez que empieces a cultivar una sensación de valoración, busca cada vez más. Cuando te sumerges en el flujo de la valoración, querrás impulsarlo más todavía. Tan pronto como comiences a sonreír, sentirte bien e incluso conmoverte con tu apreciación, ¡sigue adelante! Persigue más razones de que te muestres agradecido. A medida que guíes tus pensamientos hacia una mayor apreciación, cobrarás impulso e incrementarás tu vibración de bienestar.

Nuestro aprensivo ego intentará a menudo sofocar nuestro impulso positivo. El aprensivo diálogo interior del ego es perpetuado por pensamientos y creencias negativos. Al final dependemos de esas creencias fundadas en el temor para mantener una sensación falsa de control y seguridad. Pero nuestra verdadera seguridad radica en nuestra capacidad para alinearnos con el amor del Universo. Por eso es tan importante que percibas atentamente tus sensaciones agradables y persigas más de ellas. Valora cada vez más. Deja que tus sentimientos fluyan con toda libertad a fin de que sientas una descarga de energía en tu cuerpo. Cuando sientes que la valoración se asienta, puedes pensar en más cosas que agradeces. Déjate llevar por tus emociones agradables para que saques provecho de tu flujo positivo. Advierte qué pasa cuando buscas más de ellas. Es probable que te sientas más vigorizado. La gente a tu alrededor se iluminará con tu presencia. Ideas inspiradas saldrán naturalmente a la superficie y te sentirás en un firme contacto con un poder superior. Cuando permites que el agradecimiento fluya a través de ti, te vuelves uno con el amor del Universo.

Quizá quieras compartir tu apreciación con otra persona, que se beneficiará enormemente de tus altas vibraciones. Si sientes gratitud por alguien con quien convives, tómate la molestia de decírselo. El agradecimiento es contagioso y es capaz de modificar por completo la energía de una relación. Mi esposo y yo tenemos como práctica compartir nuestro mutuo agradecimiento cuando despertamos. Las primeras palabras que salen de nuestra boca son: "Te valoro porque ______". Mencionamos varias razones por las que nos amamos y valoramos. Las mañanas en las que saltamos de la cama y omitimos nuestro agradecimiento no tienen nunca el mismo flujo y la positiva energía de los días que iniciamos con esta práctica. Haz de la valoración un hábito para que mantengas sin esfuerzo un estado de flujo positivo en tu existencia.

VALORA TUS MANIFESTACIONES

¡No olvides expresar tu gratitud una vez que tus deseos se manifiesten en tu vida! Un fenómeno caracteriza al momento en que las manifestaciones de la gente cobran forma. Al principio se emocionan mucho... pero pronto emerge la voz interior del temor para sabotear la fiesta. La voz del temor hará que creas que tu manifestación es demasiado bella para ser verdad o que algo podría marchar mal. Esto es especialmente común cuando has esperado mucho tiempo para que tu deseo se manifieste. Es entonces cuando el agradecimiento entra en juego. En cuanto tu deseo se manifieste, agradécelo a manos llenas. Siéntate durante uno o dos minutos y reflexiona en lo agradecido que estás por lo que has creado. No dejes de lado el momento de la manifestación. ¡Celébralo!

Tu manifestación podría suscitar temor cuando atraes algo que se te dificulta conservar. Por ejemplo, una amiga mía no tiene ningún problema para que sus relaciones se manifiesten, pero batalla mucho para preservarlas. Es lo mismo siempre: la relación comienza en grande, pero en menos de seis meses el sujeto desaparece del radar. Cada vez que una relación se termina, es como si ella repitiera una escena en un minidrama. Cuando me pidió consejo, se culpaba por la pérdida de sus relaciones. No cesaba de decir: "De seguro no soy muy interesante ni muy lista. ¿Qué me pasa?". Con gran compasión le expliqué que no le ocurría nada malo. Lo que marchaba mal era su punto focal. Nunca se permitía entusiasmarse con una relación por temor a perderla. La devastación de su primer rompimiento había permanecido en el fondo de su mente durante todas sus relaciones posteriores. Su temor a que la relación acabara era justo la razón de que cada nueva relación llegara a su fin. Cada vez que un chico rompía con ella, le decía lo mismo: "Eres increíble, pero algo parece fuera de lugar". Lo que estaba fuera de lugar era su resistencia y temor.

¿Te parece familiar esta situación? El sabotaje de la energía puede aparecer en cualquier tipo de manifestación cuando nuestra resistencia perdura. Justo cuando se manifiesta lo que deseas, la voz del temor intentará desanimarte. Así que en el instante mismo en que se manifiesten tus deseos, cuídate de la reacción de tu ego y sumérgete en un estado de valoración. La mejor forma de promover el constante florecimiento de tu manifestación es agradecerla. Permite que la gratitud te invada por dentro. Piensa en el orgullo que sientes de que hayas atraído el cumplimiento de ese deseo. Celebra la maravillosa noticia y emociónate por experimentar esta nueva forma de ser. Dirige únicamente positividad y valoración a tus manifestaciones sagradas. Esta práctica no sólo hará que goces lo que manifestaste, sino que también elevará tu energía para que manifiestes más cosas aún. Cosas buenas les suceden a quienes se sienten bien.

LA VALORACIÓN ES EL ANTÍDOTO DE LA PREOCUPACIÓN

Soy una aprensiva en recuperación. He dedicado horas incontables a preocuparme por cosas que no puedo controlar. Por fortuna, con el paso del tiempo he forjado una sólida práctica espiritual y acumulado herramientas con las cuales salir del caos de la preocupación. La mejor herramienta de todas ha sido la valoración. Cuando te hallas en un estado de valoración, no dejas espacio para la inquietud, porque no pueden coexistir. Cada vez que me descubro preocupada por algo que está fuera de mi control, de inmediato enumero razones de que me sienta agradecida. Esta gratitud puede relacionarse con el asunto que me preocupa o no; eso no importa. Lo importante es que desplazo mi atención del patrón adictivo de la inquietud al positivo hábito de la valoración. En cuanto redirijo mi atención, la preocupación se disuelve. Hay días en que pongo esto en práctica múltiples veces. ¡Lo he hecho tanto que la gratitud es ya mi estado normal!

Dedicamos mucho tiempo a pensar en lo que experimentamos antes que en cómo lo experimentamos. Olvidamos que podemos alterar nuestra experiencia de cualquier cosa con la simple modificación de nuestro punto focal. Cualquier situación puede experimentarse con más amor cuando optamos por verla a través del cristal de la valoración. Incluso los tiempos difíciles pueden verse a través de esa lente. Cuando eliges una perspectiva de valoración, encuentras grandes oportunidades de desarrollo en lugar de que permanezcas víctima de tu experiencia. Por ejemplo, cuando recuerdo que toqué fondo en mi adicción a las drogas y el alcohol en 2005, no siento otra cosa más que agradecimiento. Lo que agradezco enormemente de mi recuperación es que me haya mantenido sobria durante tantos años. Valoro mi adicción porque catalizó la senda espiritual en la que estoy ahora. No me juzgo por ser una alcohólica y adicta en recuperación. ¡Lo celebro! Mediante la valoración he sido capaz de convertir lo que podría haber sido un periodo vergonzoso de mi vida en un milagro. Recuerdo el abismo en el que caí y doy gracias al Universo por todas las divinas lecciones y claras indicaciones que he recibido en mi camino. Más todavía, aprecio mi adicción porque gracias a mi recuperación fui capaz de ayudar a otros a que se mantuvieran sobrios también.

Cuando decides percibir tus experiencias a través del cristal de la valoración, puedes reformular como un milagro algo que fue muy desagradable. Puedes apreciar un rompimiento como una oportunidad de sentir a fondo, o un diagnóstico como el catalizador que te llevó a una senda de buena salud. La valoración te da una perspectiva alineada con el amor del

Universo. Cuando ves tu vida a través de este cristal, asumes la energía de la aceptación. Si buscas cosas que agradecer, aceptarás con facilidad incluso una experiencia difícil como un gran recurso de aprendizaje en tu aventura espiritual. Deja que la valoración despeje tu camino y te conduzca.

VALORA A LAS PERSONAS QUE TRATAS, AUN A LAS QUE TE EXASPERAN

Cuando diriges tu atención a lo que aprecias de los demás, sientes un alivio inmediato. Mi libro *La desintoxicación de los juicios* contiene un capítulo titulado "Ve por primera vez". En él invito a los lectores a concentrar su práctica en alguien con quien estén muy molestos y les pido que enumeren todo lo que aprecian de esa persona. El propósito es tomar la decisión de ver conscientemente a esa persona bajo su propia luz: aceptar que todos somos uno y ver que el amor dentro de ella es un reflejo del nuestro.

Este paso puede ser complicado para quienes se sienten maltratados. En este caso, sugiero que agradezcan que hayan sido capaces de aprender de esa relación, aun si fue doloroso. Les digo que apliqué esta práctica a relaciones presentes y pasadas en mi existencia y experimenté resultados milagrosos. La práctica de ver por primera vez y valorar a personas con las que estamos molestos hizo que redescubriera mi libertad. Me sentí liberada de pensamientos agresivos cuando el perdón se estableció, y fui capaz de librarme de sensaciones de cólera diarias.

Valorar a personas que nos han herido ayuda a que nos liberemos del yugo energético que ejercen sobre nosotros. Cuando nos molestamos con otros, obstruimos nuestro poder como imanes, porque nuestro rencor nos mantiene en un bajo estado vibracional. El perdón es necesario si queremos vivir en paz y atraer sin esfuerzo más de las cosas que queremos. Deja que la valoración te guíe para que te desprendas de pensamientos agresivos y rencores pasados. Cuando dejas atrás el pasado, abres espacio para atraer lo que quieres en el presente.

Medita en la valoración

Una forma muy efectiva de hacer contacto con nuestra naturaleza como imanes es meditar en la sensación de la valoración. Minutos después de que inicies esta práctica de meditación, ¡podrías volverte un imán de lo que deseas! Sigue estos pasos para que te alinees con el Universo y sintonices con tu poder. (Visita GabbyBernstein.com/SuperAttractor para descargar la versión guiada en audio de esta meditación.)

- Prepárate para meditar, busca un lugar tranquilo y ponte cómodo. Abre tu diario y escribe una página entera de agradecimiento.
- Pon una canción inspiradora que te encante. Debe ser una canción que haga que te sientas muy bien.
- Medita mientras escuchas esa canción y piensa en todas las cosas que valoras. Deja que tu mente divague en la valoración. Permite que te invadan emociones positivas. Experimenta esos sentimientos y déjalos fluir.
- Déjate llevar por el impulso de las sensaciones agradables.
- Cuando lo juzgues conveniente, sal de tu meditación y toma tu diario. Una vez más permite que tu pluma fluya y sigue escribiendo acerca de lo que valoras. Escribe hasta que te sientas satisfecho.

Esta práctica de meditación en la valoración te hará sentir muy bien. Cuando sintonices tu energía con esas emociones agradables, notarás de inmediato un gran cambio. Te sentirás más vivo y despierto. La inspiración te invadirá, la gente querrá pasar más tiempo contigo y tu fuerza de atracción se intensificará. He atestiguado incontables veces el increíble apoyo Universal y una sincronía fantástica después de practicar una meditación de valoración. Sigue esta práctica y verás cuánto se acelera tu manifestación. Más todavía, ¡celebra lo bien que te sientes!

Cuando valoras a los demás y a ti mismo, coincides en grado extremo con la energía del Universo. Cuando nuestra energía coincide con la energía del amor, somos verdaderos imanes. Desde este estado de energía, todo es posible. Puedes sanar el pasado, atraer lo que deseas en el presente y saber que el futuro se desenvolverá de acuerdo con el mayor bien, sea cual fuere. En este estado de amor, tu poder excede toda medida, porque estás alineado con la fuente de lo que eres. No existe resistencia en este estado. Sólo hay amor. Ese amor disuelve todas las fronteras y despeja el camino. Creemos que debemos sufrir para obtener lo que deseamos cuando lo único que tenemos que hacer es dejar de esforzarnos y comenzar a apreciar. La valoración tiene el poder de ponerte en un estado relajado en el que eres receptivo al flujo positivo del Universo. En este estado de receptividad, su poder como imán alcanza su nivel más alto y te preparas para manifestar tus deseos. Deja de sufrir y empieza a valorar.

La valoración desempeñará un papel importante en el capítulo siguiente. En el capítulo 10 se te guiará para que fortalezcas tu fe en el Universo. Entre más valoración encarnes, más fácil será que dependas del poder del Universo y creas que mereces milagros. Traslada tu valoración al capítulo siguiente y tu fe se afianzará, sin duda alguna.

Un momento de valoración tras otro han guiado mis mayores manifestaciones. Hoy, seis años después de ese viaje en tren desde Londres, Jessica y yo encarnamos todavía la energía de la gratitud. Apreciamos nuestra amistad, nuestra colaboración de negocios y la excelente labor que hemos hecho en este mundo. Apreciamos el increíble equipo de personas con el que tenemos el privilegio de trabajar. Y te apreciamos a ti, nuestro lector, porque nos das la mejor razón para despertar y trabajar cada día. Nuestra amistad y relación laboral es una creación de Dios, porque nació de la valoración. Y ésta es la misma valoración que todavía nos impulsa conforme creamos un movimiento en todo el mundo. En el punto final de este capítulo, pienso en mi diario matutino de agradecimiento y celebro que Jessica esté siempre al principio de la página.

Que la valoración despeje tu camino como lo ha hecho con el mío. Sé que en cuanto apliques las prácticas de este capítulo, experimentarás milagros. Dirige tu atención a esas emociones agradables y ve aumentar tus sentimientos positivos. Ahora que ya te sientes mejor, valora tu capacidad para modificar tan rápido tu energía. Busca aún más cosas por apreciar y sigue celebrando la extraordinaria sensación que esto te procura. Confía en este proceso y ten la seguridad de que cuanto más sintonices con la energía de la valoración, más cosas te brindará el Universo.

Capítulo 10

Permite que el Universo determine tus sueños

En marzo de 2017 estaba empeñada en curar las profundas heridas de mi pasado, relajar el control que ejercía sobre mi empresa y aprender a confiar en que la gente me apoyaba. También me encontraba en mi tercer año de tratar de concebir. Tenía un profundo deseo de ser madre, pero aún me topaba con obstáculos emocionales. Daba la impresión de que el Universo quería que me concentrara en mi sanación. Aunque mi Ser Superior veía que yo tenía una gran labor espiritual por realizar, mi lado lógico se sentía triste y frustrado. Aun así, seguía con esmero la pista de mi ovulación y hacía todo lo posible porque ocurriera. Pero entre más intentaba controlar mi concepción, más desilusionada me sentía. ¿Por qué era yo un imán en todas las demás áreas de mi vida pero no podía atraer a mi bebé?

Una tarde me asomé por la ventana de mi oficina en un estado de desesperación. Me sentía triste, derrotada y avergonzada. Había escrito y hablado públicamente de mi deseo de concebir. Con ello había intentado ser un faro de esperanza para mis lectores y mi público, pero en ese momento mi esperanza estaba lejos de mi alcance. Se me dificultaba valerme de mi fe y sentir mi contacto con el Universo. Necesitaba una intervención espiritual.

Cerré los ojos, permanecí inmóvil y respiré hondo. Dirigí una oración al Universo: "Una vez más te cedo este deseo y doy la bienvenida a la orientación". Cuando abrí los ojos, algo apareció en mi visión periférica. Dos enormes pavos silvestres atravesaban lentamente mi jardín. Estos pavos redirigieron mi atención del desaliento a la satisfacción. Mis emociones subieron por la escala emocional en cuanto desplacé mi atención de mí misma a esos hermosos animales. Vi que descendían por la pendiente del prado y que picoteaban la hierba mientras avanzaban. Me impresionó su paz y tranquilidad al tiempo que la nieve de fines del invierno les caía sobre el lomo. Fue un magnífico momento de meditación y un bello cambio de percepción que me ayudó a pasar de la desesperación a la esperanza y realinearme con el Universo.

Horas después invité a mi esposo a meditar conmigo. De vez en cuando, me siento con él e invito a nuestros guías a que hablen a través de mí y nos den instrucciones. Con frecuencia descubro que hago mejor contacto con mis guías cuando hablo, así que cuando medito con Zach e invito a mis guías a hablar por mi intermediación, es posible que se revele una gran sabiduría. A los guías también les agrada visitarnos juntos. Así que en esta ocasión nos sentamos a meditar e invité a mis guías espirituales de la más alta verdad y compasión a que entraran a nuestra meditación y nos dieran una instrucción clara. Momentos después sentí un hormigueo en las manos y que una vivaz energía de amor inundaba mi cuerpo. Permanecimos en silencio unos minutos y después mis guías dirigieron mis pensamientos. Palabras que no eran mías comenzaron a brotar de mi boca. Los guías nos aseguraron que el Universo tenía un plan para nuestro hijo. Nos alentaron a ser pacientes y confiar en el momento oportuno del Universo. Luego sugirieron que yo investigara en Google el significado espiritual de los pavos silvestres. Me reí y le expliqué a Zach mi momento con los pavos en el jardín. Era obvio que se habían presentado para darme un mensaje.

Cuando salimos de nuestra meditación, nos acercamos a mi computadora y busqué en Google el "significado espiritual de los pavos silvestres". Seleccioné el primer resultado de la búsqueda y el inicio de la página decía: "El significado espiritual de los pavos silvestres es la fecundidad". Zach y yo ahogamos una exclamación por el poderoso mensaje que habíamos recibido. Lloré de gratitud por la sabiduría espiritual a mi alcance en todo momento.

Ese día fue otro momento decisivo en mi aventura de fecundidad. Lo vi como una nueva oportunidad de abandonarme más y ahondar en mi fe en un plan más allá del mío. Acepté una vez más que el abandono y la fe en el Universo eran indispensables para que yo co-creara mis deseos. Aunque mi deseo aún no se había manifestado, esta experiencia contribuyó a que yo permaneciera en la fe. Ese día me comprometí a desprenderme del tiempo y a dejar que el Universo me indicara qué hacer.

Cuando cedemos en verdad nuestros deseos al Universo, se deja sentir una intensa fuerza de fe. Esa fe nos ofrece claras indicaciones si estamos perdidos. Cuando asumimos una energía de fe, somos receptivos, libres y magnéticos. La energía de la fe es una energía de consentimiento. Si permitimos que la orientación del Universo nos dirija, podemos quitar las manos del timón y ser conducidos. Mi fe me dio una sensación de certeza y libertad. Supe que podía dejar de controlar y empezar a dar permiso. La energía de conceder era mucho más grata. Me dio una sensación de naturalidad y potenciación.

En los meses siguientes, cada vez que perdía la esperanza, acudía a la imagen de los pavos en la nieve. Me aferraba al mensaje divino de mis guías y retornaba a la fe. El milagro no era que no me hubiese embarazado, sino que tuviera fe en que mi hijo estaba en camino. La fe es el milagro más grande de todos, porque cuando la tenemos, nos sentimos bien, y cuando nos sentimos bien, el Universo se empeña en cumplir nuestros deseos.

A fines de 2017 preparaba el lanzamiento de un libro. Me sentía agobiada por la labor y los viajes que me aguardaban. En momentos de estrés, perdía de vista mi fe y me inclinaba a la duda. Una ocasión en que conducía por una carretera rural, me puse a divagar en todas mis listas de pendientes, metas y expectativas. En ese estado de estrés, pensé: "¿Cuándo llegará mi bebé? ¿Cómo es posible que conciba cuando tengo tantas cosas que hacer?". Cada vez más frenética, de repente me di cuenta de que en la radio sonaba una canción nueva. Era "Bow to You", de Jaya Lakshmi y Ananda. La letra era tan profunda que desplazó mi atención de mi temor e incertidumbre a la energía del amor.

Los escuché cantar: "Eres el Creador. Eres el Sustentador. Eres el Destructor de todo. Eres mi amante. Eres mi pareja. Eres mi maestro de todo. Y me inclino ante ti. Y me inclino ante ti. Y me inclino ante ti. Y me inclino ante ti". La letra me conmovió tanto que rompí a llorar. Me sentí sumergida en la energía del Universo y en la presencia de un Dios al alcance de mi entendimiento. Me puse a corear la canción: "Me inclino ante ti. Me inclino ante ti". Las lágrimas rodaban por mis mejillas cuando percibí la presencia de un niño en el coche. Sentí como si hubiera un bebé sentado a mis espaldas en el asiento trasero. Y oí que ese niño decía: "Llegaré en marzo. Sé paciente y confía". Sentí tan vivamente esta presencia que no podía contradecirla y seguí canturreando: "Me inclino ante ti. Me inclino ante ti". Una vez más, había recibido la orientación espiritual que necesitaba para mantener mi fe.

Cada vez que cedía, era guiada a ceder más. Mi disposición a dejar que el Universo me condujera me ayudó a que no perdiera el rumbo y a que mantuviera una fe sólida en medio de la incertidumbre y sensaciones de escasez.

Pasó febrero, y con el atrasado lanzamiento de mi libro

más reciente, me puse a hacer las cuentas del embarazo. Calculé que si concebía en febrero, recibiría la noticia acerca de mi hijo a principios de marzo, en coincidencia con el mensaje que había recibido meses antes en mi automóvil. Comencé a esperanzarme de que el mensaje podía ser cierto. Una vez más, contaba con un plan propio.

Llegó marzo y yo tenía grandes expectativas de una prueba positiva de embarazo.

Pero en vez de eso, tuve mi periodo, lo que me devolvió al desgastado ámbito de la derrota. Me irrité con el Universo. ¿Por qué mi orientación no aparecía ante mí como yo lo había escuchado? Pero pese a mi decepción y tristeza, supe de nuevo que la respuesta estaba en mi interior. Aunque cuestionaba mi fe, la voz de mi Ser Superior era más fuerte que la del temor. Supe que, si meditaba, podría realinearme con mi verdad y recibir más orientación que me mantuviera en mi camino. Así que retorné a la orientación del amor. Me había comprometido a responder al miedo con fe y a pedir apoyo espiritual. Medité y pedí otra señal. Esta vez pedí una señal específica que tuviera un gran significado en mi aventura de fecundidad. Sabía que el Arcángel Gabriel, el ángel que me ayudaba en mi maternidad y fecundidad, me guiaba. Y sabía que con frecuencia se le representa cargando azucenas. Así que le pedí a Gabriel que me mostrara una azucena para que yo restaurara una vez más mi fe y él guiara mi sendero.

Al día siguiente en que entré a la oficina de mi esposo, todavía estaba deprimida. Me senté en su regazo y puse mi teléfono en su escritorio. Zach me abrazó y dijo:

—Todo ocurrirá en el momento perfecto.

En cuanto dijo eso, una melodía sonó en mi teléfono. Esto era extraño, porque estaba bloqueado cuando lo puse sobre su escritorio. Iba a apagarlo pero me sorprendió ver el nombre del álbum en la pantalla. Se llamaba *I See the Sign*, y la canción "Way Go Lily". Me recosté en el regazo de mi esposo y exclamé:

—¡Ésta es nuestra señal! Escuchemos.

Interpreté esta señal como un recordatorio más del Universo de que mi fe es más fuerte que mi temor. Permanecimos sentados y recibimos la orientación más increíble. El artista, Sam Amidon, repetía la palabra *lily* una y otra vez. El Universo nos hablaba directamente de nuevo. Justo como me había ocurrido con los pavos y la canción que había oído en mi auto, me sentí guiada. Ésta era una de las señales más claras y visibles que había recibido: la canción "Way Go Lily" del álbum *I See the Sign* cuando mi teléfono estaba, sin duda, bloqueado. Sobra decir que nunca había oído esa canción ni la había guardado en ninguna lista de reproducción. Derramé lágrimas de alegría. Fue maravilloso recibir una orientación tan clara.

Cuando perdemos la fe, tenemos dos opciones: aferrarnos a nuestro argumento de temor y tratar de controlar nuestros deseos o abandonarnos al Universo y recibir con gusto su orientación para que restauremos nuestra fe. Cada vez que elijas esta segunda opción, serás guiado a la fe y el amor. La fe está siempre a tu alcance cuando haces a un lado tu incredulidad y dejas que el Universo y el espíritu te devuelvan a tu mente de amor. Es fácil tener acceso a la fe en el Universo cuando se está dispuesto a recibir. Por más que te desvíes en tu temor, en cualquier momento puedes pedir que la orientación Universal te lleve de vuelta a la fe en el amor.

El espíritu me guio de regreso al amor ese día de marzo en el que comenzó a sonar "Way Go Lily". Hoy, mientras escribo este capítulo, escucho la canción "Way Go Lily" de fondo, impresionada por la orientación que recibí. Hoy es 28 de julio, justo ciento veinte días después del 30 de marzo, el día en que concebí a mi hijo. Ese día es muy significativo, porque, en la tradición yogui, el día ciento veinte después de la concepción es la fecha en la que el alma entra en el cuerpo de la madre y decide estar en este mundo. Tal como el Universo lo determinó, mi hijo llegó justo a tiempo. Nuestro bebé fue concebido a fines de marzo.

Cuando desperté esta mañana, supe que era hora de escribir este capítulo. Supe que era hora de que mis guías espirituales y yo celebráramos mi increíble aventura de concepción y mi disposición a ser guiada. Haber concebido a mi hijo es uno de los mayores milagros que he recibido hasta ahora. Lo milagroso es la oportunidad que me ha dado la oportunidad de practicar la rendición y fortalecer mi fe. El verdadero milagro es tener fe pase lo que pase. Si tus deseos no han cobrado forma aún, debes saber que cada vez que retornas a la fe, recibes el don supremo del Universo. Vivir con fe te ayudará a sentirte íntegro, seguro y apoyado aun cuando no tengas todo lo que quieres o crees necesitar. La fe en un poder superior es el mayor don que puedes pedir.

Mi fe también me dio paciencia para que confiara en que el Universo tiene un plan mejor que el mío. Celebro que el sentido universal de la oportunidad sea mejor que el mío. Mi hijo fue concebido en un momento en el que me sentía segura, sana y a salvo. Celebro que mi cuerpo haya sanado lo suficiente para gestar un bebé. Celebro que mi esposo haya sido mi fe cuando perdí el rumbo. Celebro mi disposición a ceder mis deseos durante tres años mientras permitía que el Universo determinara mis sueños. Mientras escribo este capítulo, estoy a la mitad de mi embarazo y ya veo a mi hijo como mi mayor maestro. Ya me ha dado el don del abandono y me ha ayudado a acendrar mi fe en el Universo. Hermoso niño, me inclino ante ti...

EL CAMINO A LA FE

Una profunda orientación puede revelarse cuando permitimos que el Universo determine nuestros sueños. Sincronía, apoyo e instrucción clara están a tu disposición ahora mismo si estás listo para ceder. Si has perdido de vista tu fe, deja que este relato te recuerde que existen un plan y una línea de tiempo más allá de los tuyos. Ve esto como una oportunidad de ceder más y reforzar tu fe al tiempo que permites que la sabiduría del Universo se abra paso en ti.

Mi intención es que te alinees con la fe de que eres un imán. Con esta fe serás conducido por el Universo. Deseo que conozcas la experiencia de recibir orientación espiritual. Cuando dejes que esta orientación entre en tu vida, confiarás en cada paso del plan que está en marcha.

Sigue el método que describiré a continuación para que el Universo determine tus sueños.

CEDE TUS PLANES

Tener fe requiere que abandonemos nuestros planes, línea de tiempo y propósitos para que accedamos a que el Universo nos guíe. Como ya sabes, nuestros planes y nuestro deseo de controlar pueden interponerse en el camino de la orientación que más anhelamos. Abrigamos la falsa creencia de que sabemos qué es lo mejor y podemos lograrlo, sea lo que fuere. Por ejemplo, durante mi aventura de concepción, dediqué varios años a tratar de controlar la línea de tiempo y el resultado: comía ciertos alimentos, le seguía la pista a mi ovulación y hacía planes para todo. Invertir toda mi energía en planear y controlar no me dejaba espacio para la fe. Pero cuando por fin puse mis planes en manos del Universo, recibí señales muy claras. Ceder mis planes a un poder superior me dio libertad para serenarme, escuchar y recibir. En ese estado receptivo, oí a mi sabiduría interior y a mis guías espirituales. Recibí certidumbre, señales y una fe muy firme. Dejé de jugar a que era Dios y dejé que él trabajara a través de sanadores, médicos, amigos, mi esposo y mi propio cuerpo. Pude soltar y ceder.

El camino a la fe empieza siempre con el abandono. Pero seamos sinceros: abandonar tus deseos en manos del Universo es difícil y aterrador. Nuestro aprensivo ego nos ha convencido de que ceder significa renunciar a nuestros deseos, control y capacidad de actuar. La verdad es que la entrega es el primer paso de la recepción. Si ceder tus deseos y tus planes te resulta incómodo, no te preocupes. Si quieres sentirte libre en este momento, basta con eso para comenzar este proceso.

Date un momento para leer esta oración:

Gracias, Universo y guías de la más alta verdad y compasión. Estoy listo para sentirme libre. Doy la bienvenida a una fe renovada.

Recita ahora esta oración en voz alta y tómate un momento para asimilar los sentimientos de lo que significa abandonarse a la fe en el Universo.

Indaga cómo te sientes. ¿Experimentas resistencia a ceder tus planes? ¿No confías en que el Universo es capaz de ocuparse de todo lo que necesitas y deseas? Honra tu resistencia, pero no dejes de elegir otra vez. Cuando percibas algunos pensamientos de resistencia, elige de nuevo y recita esta oración. Memorízala y repítela lo más que puedas. Dila en voz alta o en silencio cada vez que notes que intentas controlar tus deseos. Adopta el constante hábito de poner tus deseos bajo el cuidado de un poder superior. Entre más alivio pidas, más libertad sentirás. Confía en el poder de esta oración y prepárate para ceder.

Nuestros mayores cambios espirituales no ocurren por la fuerza; ocurren por la libertad. Cuando oramos, recibimos con agrado la libertad de la resistencia. Reconocer esa entrega no requiere mucha acción. Todo lo que se necesita es tu deseo de sentirte libre y tu disposición a pedir ayuda al Universo. Haz de esta oración tu mantra cotidiano y recítala con regularidad para que te reconectes con tu fuerza como imán en tu interior.

PIDE UNA GUÍA CLARA

Una vez que alinees tu energía con el Universo a través de tu oración, sentirás un cambio sutil. Quizá no sea obvio al principio, pero pedir fe te ayudará a sentirte en contacto con un poder más grande que tú. Cada vez que dices tu oración, recuerdas la omnipresente energía del amor que te sostiene. Una vez que recuerdas ese contacto, estás listo para pedir indicaciones. Es entonces cuando puedes pedirle al Universo claridad, señales, símbolos y orientación. Recibir señales del Universo es como obtener una palmada espiritual en la espalda y un amable recordatorio de que te encuentras en el camino correcto.

En mi libro *El Universo te cubre las espaldas* presenté la práctica de pedirle una señal al Universo. Mi señal fue un búho. Cada vez que sentía que la resistencia y el control se interponían en el camino de mi conexión con mi poder como imán, cedía mis planes y le pedía al Universo que me mostrara un búho para que guiara mi camino. Algunos días pedía al

Universo que me ayudara a tomar una decisión específica y me mostrara un búho si mi decisión seguía la dirección correcta. Otros días le pedía simplemente que me mostrara un búho para recordarme que era guiada. Personas del mundo entero me han enviado mensajes sobre las señales que emplean y la increíble guía que han recibido. Estos lectores han pedido señales como mariposas, catarinas y canciones en la radio. Cuanto más claros fueron respecto a sus señales, más fácil les fue comunicarse con el Universo y recibir instrucciones.

Como ya sabes, durante mi aventura de concepción el Universo me ofreció muchas señales claras que orientaron mi camino. Esas señales adoptaron la forma de una voz interior, una canción salida de la nada, imágenes de azucenas y una intensa sensación de conexión con la presencia del amor en torno mío. Estas señales eran tan innegables que no tuve otra opción que creer con sinceridad en la presencia espiritual más allá de mi esfera física. Cada vez que recibía una señal, mi fe se multiplicaba. Es mi deseo que tú conozcas esa sensación de fe y certidumbre en el Universo. Que recibas tus señales, sientas el flujo del Universo y experimentes la presencia angélica de un apoyo que guía tu sendero.

La recepción de este contacto puede ocurrir rápidamente si estás dispuesto a ello. Como indiqué en el capítulo 7, lo único que impide esa orientación es tu resistencia. Así, te pido que hagas a un lado tu incredulidad, así sea temporalmente, mientras aplicas esta práctica. Es hora de que pidas señales y prestes atención a la orientación que recibes.

Hay muchas formas en que puedes pedir orientación al Universo. Elige una de las prácticas siguientes y comprométete con ella durante una semana.

PIDE UNA SEÑAL AL UNIVERSO

Entablar un diálogo con el Universo puede ser muy efectivo, sobre todo si sabes con claridad qué orientación quieres recibir. Cuanto más claro tengas qué vas a pedir, más evidente será la respuesta. Si se te dificulta tomar una decisión o te sientes inseguro sobre el resultado, pídele al Universo una señal de que estás en el camino correcto. Elige lo primero que te venga en mente y no lo pongas en duda. Debes ser muy claro sobre la señal que pides. Como indiqué en *El Universo te cubre las espaldas*, cuando contemplaba una importante decisión acerca de la elección de una casa, le pedí al Universo que me mostrara un búho para confirmar que cierta casa era la correcta para mí. Si leíste ese libro, ¡ya sabes que aparecieron búhos por doquier! Mis señales tan claras me dieron la instrucción que necesitaba para comprar esa casa, lo que al final redirigió el curso de mi vida.

Sé específico con el Universo acerca de cuándo te gustaría recibir tu señal. Entre más claro seas, más fácil será que recibas información. He aquí una manera en que puedes pedir una señal: "Gracias, Universo, por mostrarme mi señal de ______ en un lapso de veinticuatro horas si ______ es correcto para mí". Luego sé paciente y deja que el Universo te ofrezca una indicación clara. Quizá pienses: "¿Y si no recibo ninguna señal?". Bueno, ¡eso también es una señal! No recibir tu señal es una orientación igualmente significativa. Si le pediste al Universo que confirmara que te encuentras en la relación amorosa correcta y no recibes tu señal, ¡eso es una señal! Toma en serio esta instrucción. No digo que rompas intempestivamente con tu pareja; sugiero que analices con más atención los problemas de fondo por resolver. En definitiva, siempre ejercerás tu libre albedrío, pero considera las señales del Universo (o su ausencia) como una instrucción sustentadora respecto a tu camino.

HABLA DIRECTAMENTE CON UN ÁNGEL O GUÍA

Cuando ahondes tu contacto con tus guías espirituales por medio de las prácticas del capítulo 7, conocerás las peculiares formas en las que tus guías se relacionan contigo. Cuando yo buscaba indicaciones sobre la concepción, supe que podía pedirle al Arcángel Gabriel que me mostrara azucenas. Si veo una chispa de luz blanca, sé que se trata de una presencia angélica. Cuando veo una luz azul, sé que es el Arcángel Miguel. Una luz verde representa al Arcángel Rafael y sus poderes curativos, mientras que una luz dorada representa al Arcángel Gabriel. Los ángeles y guías serán muy claros en sus contactos y te darán herramientas para que diferencies entre su presencia y otras direcciones. No reniegues de los mensajes que recibes de ellos. Pide a tus guías y ángeles que sean específicos y claros en su comunicación. Los guías serán creativos en la entrega de mensajes. Por ejemplo, el padre de mi amiga Aimee falleció hace muchos años. Aimee siempre ha sentido que él se comunica con ella en sueños. En uno de éstos, Aimee estaba de visita en mi casa y su padre apareció en la sala y le dijo: "Mi señal para ti es un vehículo todoterreno blanco. Asómate por la ventana de Gabby y verás uno". Despertó confundida por esta instrucción, así que me llamó para que le ayudara a interpretarla. Cuando me contó su sueño, exclamé:

—¡Yo manejo un todoterreno blanco, Aimee!

Hasta la fecha, ella sabe que su padre la guía cada vez que ve un todoterreno blanco. Nunca cuestiones las señales que el espíritu te da.

Si recibes señales de los ángeles o guías espirituales, debes saber que tu energía es receptiva y que, en efecto, estás siendo guiado. Adopta la práctica de pedir a tus guías y ángeles una señal clara siempre que la necesites. Su orientación te tranquilizará y te dará certidumbre, justo lo que yo sentí cuando recibí mis azucenas en varios episodios.

—

EL ESPÍRITU HABLA A TRAVÉS DE LOS NIÑOS

Como indiqué en el capítulo 5, cuando somos pequeños existe un velo muy fino entre el mundo de la percepción y la esfera espiritual. Los niños que te rodean están en profundo contacto con guías, ángeles y apoyo espiritual. Si un bebé sonríe y levanta la cabeza, quiero pensar que ve a un guía o ángel y entra en contacto con él. Cuando los pequeños te hablan de sus "amigos imaginarios", ¡no los ignores! Pueden ver a tus seres queridos ya desaparecidos, así como a tus guías y ángeles. Es común que los niños intenten transmitir mensajes espirituales a los adultos, pero con demasiada frecuencia son callados o ignorados.

Hay razones importantes para que nutras la conexión espiritual de tus hijos. Primero, ¡tienen señales para ti! No ignores los mensajes que te ofrecen. Por ejemplo, mi amiga Beth lleva dos años tratando de concebir a su segundo hijo, pero ha tenido múltiples abortos espontáneos. Salió muy deprimida del más reciente de ellos. Aunque no le dijo a su hija, de tres años, que había perdido un hijo, ella supo por intuición que estaba angustiada. Una noche se acercó a ella y le dijo:

—Mamá, recibirás pronto un bebé.

Beth rompió a llorar cuando su hija le dijo eso. Sintió que una descarga de energía recorría su cuerpo, como si recibiera orientación espiritual divina. Ése era justo el mensaje que necesitaba oír. Los niños tienen una gran sabiduría y orientación para ti. Presta atención y sé receptivo.

En segundo lugar, fomentar la conexión espiritual de tus hijos les ayudará enormemente en la vida. Cuanto más apoyes sus creencias espirituales a una edad temprana, es menos probable que las pierdan. Piensa en lo mucho que se habría facilitado tu vida si desde siempre hubieras sabido que el espíritu estaba a tu lado. Si lo crees alineado para ti, alienta a tus hijos a que hablen con sus guías y profundicen su contacto con ellos. Esto les será de mucha utilidad.

Permanece abierto y receptivo a todas las vías por las cuales puedes recibir señales del espíritu. No importa cuál de ellas elijas para recibir orientación; lo importante es que prestes atención a la guía que recibes. Entre más señales recibas, más fuerte será tu fe. No ceses de generar pruebas espirituales mediante tu disposición a pedir y recibir.

NO HAGAS NADA Y PERMITE QUE EL UNIVERSO TE MUESTRE QUÉ HACER

El paso siguiente a la fe es que no hagas nada y dejes que el Universo te indique qué hacer. Una de las mejores maneras de acrecentar tu poder como imán es dar marcha atrás y confiar en que se te guía. Todos nuestros actos se interponen en el camino de nuestra recepción. Así, haz tuya la práctica de no interferir con la orientación universal que está a tu alcance. Si no recibes una instrucción clara de inmediato, sé paciente, relájate y distráete con una actividad entretenida. Cuanto más pronto saques a tu ego de la jugada, más pronto recibirás orientación. Ésta es la práctica de no interferir. Cuando dejas de obstaculizar la orientación Universal, afinas tu receptividad y conexión.

No hacer nada confunde al ego. Cuando nos sentimos inquietos o incómodos con nuestras circunstancias, es natural que deseemos hacer algo. A mí me cuesta mucho trabajo quedarme sin hacer nada ante la incomodidad de relaciones o problemas no resueltos. Me gusta aclarar las cosas pronto, remediar problemas y aplicar soluciones. En ocasiones, sin embargo, la solución no puede proceder de la lógica ni de nuestros actos. A veces tenemos que estar quietos y pedir que la solución nos sea presentada por una fuerza Universal más allá de la necesidad de nuestro ego de sentir que todo está resuelto. El tiempo entre las soluciones puede ser aterrador y estar fuera de control. Pero cuando no haces nada, despejas el espacio y permites que se presenten soluciones amorosas.

La próxima vez que intentes hallar una solución movido por la urgencia o el miedo, respira hondo. Recuerda que hay una orientación divina a tu alcance y pide ayuda al Universo. Luego recita esta oración: *Gracias, orientación Universal, por guiarme a soluciones de un bien mayor para todos*. La digas en voz alta o no, el Universo recogerá tu petición de orientación. Cuando decides no interferir, tu punto focal pasa de tratar de remediar los problemas a rendirte a las soluciones. Esta energía es mucho más poderosa. Tu nuevo deseo se alinea con el amor, y el Universo ideará siempre la forma de concederte el bien mayor para ti y para todos. Abandona tus expectativas por medio de una oración, ríndete a recibir apoyo y confía en que el Universo te mostrará el camino.

PERMITE QUE EL UNIVERSO TE APOYE

Ser un imán significa que recuerdes que eres una prolongación de la energía Universal. Eres uno con Dios y el Universo. Eres amor. Cuando te hallas en un estado de gozo, fe y asombro, sientes por completo esa conexión. Cada uno de los métodos de este libro te ha acercado a la reclamación de tu contacto con tu poder como imán. La meta es que te sumerjas en un estado de receptividad y rendición. En un estado de no resistencia, permites que te apoye el flujo universal del bienestar. Esto es lo que Abraham-Hicks llama: "el arte de la rendición". Para practicar este arte, indaga si dejas o no que el flujo del bienestar pase a través de ti.

¿Te rindes en este momento ante el amor, el gozo y el bienestar o te resistes a ellos?

Cuando cedes, sientes claridad mental y serenidad, y tienes mucha fe. Cuando no cedes, te sientes molesto, triste, culpable, frustrado, controlador e incluso deprimido. Las emociones que experimentas indican si estás conectado o no con tu poder como imán. Los pensamientos y emociones negativos encarnan bajas vibraciones que no dejan que el Universo te apoye. Abraham-Hicks sugiere que cuando dices: "No deseo eso", en realidad te prestas a recibir lo que no deseas. Si, por ejemplo, piensas constantemente en el riesgo de ser despedida de tu empleo, tu energía será aprensiva, temerosa, carente y descontrolada. Esa energía envía (consciente o inconscientemente) un mensaje de miedo a tu jefe en el sentido de que no eres la persona adecuada para el puesto. Tu incesante pensamiento aprensivo de que perderás tu trabajo tiene la capacidad de manifestarse y cobrar forma. Por tanto, debemos atenuar la energía detrás de nuestros pensamientos negativos y plegarnos a las prácticas de este texto. Cada vez que dices una oración, pides ayuda al Universo, eliges de nuevo o simplemente te distraes de un pensamiento negativo, te aproximas a tu estado alineado. Convierte tus pensamientos y energía agradables en una prioridad tan alta que la sensación de bienestar se vuelva natural para ti. Tu meta es permitir que el bienestar fluya en ti sin resistencias. El arte de la rendición es el arte de que aceptes lo que deseas: salud, riqueza, gozo y amor.

Cuando permites que la fuerza Universal del bienestar pase por ti, recibes con facilidad las señales y orientación del Universo. Oyes canciones, recibes mensajes de tus amigos e incluso percibes instrucciones intuitivas de tu voz interna de sabiduría. Esta orientación divina aparece pronto cuando la permites.

Es probable que tu ego se resista al principio a eso e intente controlar. Pero entre más aceptes que la meta es que te sientas bien, más fácil será que dejes que el bienestar fluya. Verás que cuanto más cedes, más atraes.

Cuando el bienestar fluye, se siente como si unas puertas invisibles se abrieran para ti y que lo que necesitas se presenta en el momento y orden perfectos. Cuando las cosas parecen contenerse o no suceden como querías, sabes por intuición que hay algo mejor en camino. Para decirlo llanamente, cedes. Encarnar la energía de la rendición concede gracia, sosiego y poder magnético a tu presencia. Cuando vibras con ese sosiego y magnetismo, eres en verdad un imán muy poderoso.

Adopta el hábito de revisar tus emociones para saber si estás desalineado y usa luego cualquiera de los métodos de este libro para recuperar un estado receptivo. Atestigua tus emociones, ríndete al bienestar y después no hagas nada y permite que el Universo te indique qué hacer.

DEJA EL QUE UNIVERSO DETERMINE TUS SUEÑOS

El último paso para que fortalezcas tu fe en el Universo es que permitas que determine tus sueños. Podrías tener grandes visiones para tu vida, que quizás en este momento parezcan lejos de tu alcance. Pero he escrito este libro para enseñarte que mientras te alinees con sentimientos potenciadores, tus deseos se ajustarán vibracionalmente a ti. Cuando tienes fe en el Universo, es inofensivo tener grandes visiones aun si no las puedes ver consumadas todavía. Cuando conviertes en tu prioridad el alinearte con el Universo, no tienes que disculparte por tus deseos. No se trata de tus grandes esfuerzos ni de tus logros. Para atraer el cumplimiento de tus deseos debes sentirte bien y tener fe en que el Universo te guía. Sí, claro que tienes que luchar por tus sueños. Debes presentarte a esa entrevista de trabajo, asistir a aquella cita, ejercitar tu cuerpo. Pero cuando te sientes bien, tus actos espiritualmente alineados cuentan con el respaldo del amor del Universo y sabes que atraes.

Dejar que el Universo determine tus sueños significa que estés dispuesto a ser paciente. Que estés dispuesto a ceder tu línea de tiempo, propósitos y necesidades percibidas. Que estés dispuesto a tener fe en un marco temporal más allá del tuyo. La paciencia fue mi mayor virtud cuando mi hijo se manifestó. Tan pronto como acepté de verdad que el Universo tenía un plan mejor que el mío, la paciencia se volvió natural. Abracé la aventura, la curación y el proceso. Confié en que mi línea de tiempo no era tan saludable, fácil ni tersa como la que el Universo me tenía reservada. Y así fue. Ahora puedo mirar atrás y decir: ¡GRACIAS, UNIVERSO! Agradezco enormemente que no me haya embarazado un día antes. El día en el que concebí fue el momento perfecto en mi vida. Me sentí más apoyada que nunca. El Universo determinó que mi sueño se cumpliera en el momento más divino para que yo disfrutara el embarazo y me sintiera segura en mi transformación en madre. Le estoy muy agradecida por esto.

Sé que cuando tú también permitas que el Universo te guíe, conocerás esta libertad. Mirarás atrás y dirás: "Gracias a Dios que no ocurrió antes". Y te sentirás bendecido de haber tenido la oportunidad de aprender, crecer y divertirte en el camino. Eso es todo. Confía en un plan más allá del tuyo y permite que el Universo determine tus sueños.

Que las palabras de este capítulo fortalezcan tu fe, relajen tu necesidad de control y te acerquen a la libertad. Acepta estos pasos a la fe y deja que el siempre presente flujo del amor corra en ti sin esfuerzo.

Llegarán entonces muchos milagros. Te sorprenderá lo que recibas cuando te rindas en serio al Universo. De hecho, los milagros serán tan grandes que al principio podrías incluso resistirte a ellos. Quizá pienses: "Esto es demasiado bello para ser verdad". O creas que no mereces los grandes dones que recibas. Si adviertes esta resistencia, no te preocupes. Cuentas conmigo. En el último capítulo te guiaré para que aceptes la grandeza de una vez por todas. Me ocuparé de esa resistencia y te daré una orientación clara acerca de cómo liberarte de ella para que puedas disfrutar libremente de la variedad de la vida. Sigue mi guía y ríndete al hecho de que eres un imán muy poderoso.

Capítulo 11

Cultiva una fe inquebrantable en el Universo

El inicio de mi tercer trimestre fue uno de los momentos más mágicos de mi vida. Me enamoré más locamente todavía de mi esposo, quien me cuidaba de maravilla. Disfrutaba de verdad mi embarazo y nunca me había sentido más sana, más sexy y más viva. También mi empresa prosperaba. Había atraído excelentes socios y mi equipo avanzaba en forma decidida. Yo estaba en el flujo.

Pero una mañana fui bruscamente extraída de la corriente del bienestar. Sostenía una conversación casual con una querida amiga cuando ella sacó a colación argumentos terribles sobre las complicaciones del tercer trimestre del embarazo. En condiciones normales, yo habría tenido el cuidado de excusarme de la conversación o de pedirle con cortesía que cambiara de tema. En este caso, sin embargo, el mensaje provenía de alguien a quien quería y en quien confiaba. Aunque no tenía en mente nada que no fuera mi beneficio, sus prevenciones me arrojaron a una espiral de temor. Inmediatamente después de esa conversación empecé a obsesionarme, a intentar controlar y apegarme a proyecciones aprensivas. Justo cuando pensaba que fluía de verdad con el positivo impulso del Universo, fui enfrentada con la resistencia de mi ego a todo el amor y la positividad que había cultivado. Perdida en esa espiral de temor, les llamé a mis amigos médicos para pedirles consejo y busqué en Google síntomas y casos. Antes de que me diera cuenta, ya estaba de regreso en el temor de mi cuerpo y había debilitado mi conexión espiritual.

Al principio fue complicado ver qué sucedía en realidad. ¡Es muy fácil olvidar las sucias trampas del ego! Caí presa del drama y los temores del mundo y me aparté temporalmente de mi poder como imán. Me había desalineado del amor del Universo y le había vuelto la espalda a la fe. Peor aún, comencé a creer que mi obsesión con esos argumentos negativos haría que se manifestaran en mi vida. Mi miedo a que se manifestara el problema no hizo más que exacerbarlo. Caí en una red de temor y permití que mi ego me deprimiera.

¿Cómo fue posible que pasara esto? ¿Por qué me iba tan mal tan rápido?

Lo que sucedió fue que cuando me alineé con el Universo, la vida marchó bien. Muy bien. Conforme a la ley de la atracción, mi concentración en el amor y la fe me condujeron a lo que en verdad deseaba. Pero el temor —el ego— no puede sobrevivir bajo la luz. Y aunque yo había trabajado mucho por debilitar la voz del miedo, ésta aún podía apoderarse de mí en medio de condiciones positivas. *Un curso de milagros* explica: "El ego teme al gozo del espíritu, porque una vez que lo experimentas te desprendes de toda protección del ego y dejas de invertir por completo en el temor". En presencia del gozo del espíritu, el ego se abalanzó sobre mí y me convenció de que, en efecto, aquello era *demasiado bueno* para ser verdad.

Esa espiral de temor duró más de dos semanas. Yo no podía pasar un solo día sin caer atrapada en el drama de mi mente. No cesaba de plantearle mis miedos a mi esposo y no podía dormir. Al final toqué fondo en este drama. Eran las cuatro de la mañana y no podía dormir porque estaba consumida por mi temor y ansiedad. Dejé la cama y fui a la sala a meditar. Inicié mi meditación con un ruego: *Universo, reconozco que estoy desalineada. Estoy lista para liberarme de este temor. Elijo el amor.* Cerré los ojos y repetí el mantra *Elijo el amor.* Permanecí quieta mientras repetía este mantra una y otra vez durante varios minutos. *Elijo el amor. Elijo el amor. Elijo el amor.* Al final le perdí la pista al mantra y me sumergí en un profundo estado de apacible quietud. Me había realineado pronto con el Universo.

Luego de unos minutos de estar inmersa en esa amorosa quietud, oí que una clara voz interior me decía: "El temor te devuelve al amor". Estas palabras me concedieron un alivio inmediato. Mi Ser Superior me daba permiso para que perdonara mi miedo y lo utilizara como vehículo para que retornara al amor. Este mensaje me recordó que puedo elegir de nuevo en cualquier momento y que no debo tener miedo a mi temor. En adelante, acepté un argumento nuevo. Acepté mi fe en el Universo y decidí que me comprometería con el amor. Decidí que me realinearía por completo con mi fe en mi salud, la fortaleza de mi bebé y la verdad que sabía que era real. Perdoné a mi amiga de que hubiera despertado en mí ese temor y agradecí esta poderosa lección.

La aceptación del miedo arroja luz sobre él. En el instante mismo en que acepté que mi temor me devolvía al amor, fui capaz de librarme de él. Lo vi como una oportunidad de afianzar mi fe, como una distracción temporal más que una realidad permanente. Acepté que temer era mi decisión y que podía elegir de nuevo en cualquier momento.

Esta experiencia tuvo lugar en el momento perfecto, porque me ayudó a que me realineara con el amor antes de que terminara mi embarazo. Me permitió por igual que concluyera este libro con el recordatorio para ti de lo fácil que es que te resistas al amor cuando la vida marcha bien. Cuando apliques los métodos de este volumen, sentirás que el amor del Universo fluye por tu vida entera. Emergerán hermosas sincronías, te verás rodeado de apoyo y experimentarás un contacto profundo con un poder superior. No obstante, es muy posible que la voz del miedo aparezca al fondo con la intención de que tu flujo se interrumpa. Podrías verte negando tu grandeza y olvidar tu conexión espiritual. Podrías reincidir en patrones controladores, olvidarte de tus guías espirituales y perder de vista la fuerza del Universo. Incluso podrías tener miedo a sentirte bien.

Si esto ocurre y la voz del temor intenta convencerte de que aquello es *demasiado bueno para ser verdad*, no te preocupes. Regresa a este capítulo y sigue mi orientación. No tengas miedo de tu temor. Úsalo como un medio para acercarte al amor. Atestigua tu temor cuando se presente y aplica la orientación que te mostraré enseguida para que te mantengas alineado y fortalezcas tus expectativas positivas de que la grandeza no cesará de aparecer para ti.

HONRA TU TEMOR COMO GUÍA DE VUELTA AL AMOR

No hay motivo de que huyas de tu temor o lo niegues. De hecho, de esta manera sólo le darías más impulso. Sé, en cambio, un sereno testigo de las proyecciones aprensivas que se interpongan en el camino de tu fe en tu poder como imán. Es posible que el miedo quiera interferir cada vez que la vida fluya de verdad o que manifiestas un gran sueño. Estás en vías de aceptar los milagros en tu existencia. Y todo viaje que implica cambiar hábitos muy arraigados supone baches. El miedo es uno de los peores hábitos y no desaparecerá de súbito. Debes saber que se presentará, así que tendrás que cambiar la forma en que lo ves.

Puedes optar por ver tus momentos de temor como un bello contraste. El miedo es un leve recordatorio de lo que no quieres, y te ayuda por tanto a aclarar lo que deseas. Cuando notas el surgimiento de un pensamiento aprensivo, puedes elegir de nuevo. Atestigua esos pensamientos y sentimientos y regresa al método "Elige de nuevo" para que redirijas tu atención:

1. *Percibe el temor*

Cuando notes que tus pensamientos aprensivos sabotean tu flujo positivo, pregúntate: "¿Cómo me siento en este momento?". Siente lo que se presente.

2. *Perdona el pensamiento*

Perdona tus pensamientos aprensivos ¡y celebra tu deseo de volver a sentirte bien! Puedes decir en voz alta: "Perdono este pensamiento. Sé que no es real".

3. *Elige de nuevo*

Contesta esta pregunta: "¿Cuál es el próximo pensamiento agradable?". Pide apoyo al Universo conforme te diriges a pensamientos que hacen que te sientas bien. Date tiempo para que persigas pensamientos positivos acerca de lo que deseas y de la forma en que quieres sentirte.

Confía en todo momento en que el método "Elige de nuevo" redirigirá tus pensamientos. Si el temor te ha maniatado y que optes por un pensamiento positivo parece fuera de tu alcance, permanece en el paso 2 del método "Elige de nuevo" y perdona el pensamiento. Esto te desplazará a una energía de aceptación, no de resistencia. Cuando perdonas un pensamiento aprensivo, reconoces que tu temor no es tu verdad. Si perdonas tu temor, te das permiso de retornar al amor cuando estés listo. La aceptación de una relación más positiva y potenciadora con el temor es la mejor manera de disolverlo.

No temas que el miedo se interponga en el camino de tu manifestación. Estás ya tan alineado con tu poder como imán que en cualquier momento puedes cambiar tu energía y realinearte. Los casos de miedo, aun si duran varios días, nunca te desconectarán en realidad de tu flujo positivo. Sólo recuerda deshacerte de tu temor y realinearte.

Convierte esto en tu mantra: *Puedo deshacerme de mi temor en cualquier momento y realinearme con mi poder como imán.*

ACEPTA UN NUEVO PUNTO DE PARTIDA

Cuando te sientas mejor, deberás aceptar la idea de que puedes tener un nuevo punto de partida para tu felicidad. Si tienes un nuevo punto de partida para tu felicidad, aceptas que está bien que te sientas bien, que es natural prosperar y que tus deseos pueden fluir naturalmente hasta ti. Con tu nuevo punto de partida para la felicidad, te das permiso de sentirte bien y de atraer lo que deseas. Ya no tienes que adoptar y abandonar la fe. Dejarás de suponer que todo se vendrá abajo y de disculparte por lo bien que te sientes. No te resistirás más a tu grandeza.

Yo batallé durante años con la sensación de que era víctima de mis traumáticos recuerdos, patrones adictivos e historias del pasado. Pero cuando acepté una nueva normalidad y confié en que era bueno que me sintiera bien, precisé de un nuevo punto de partida para mi felicidad. ¡Tuve que darme permiso de librarme de mis argumentos de víctima y de elegir una vida milagrosa!

Date un momento para que leas este hermoso pasaje de *Un curso de milagros*:

> ¿Te imaginas lo que sería un estado de ánimo sin ilusiones? ¿Cómo te haría sentir? Recuerda un momento —quizás un minuto, tal vez menos— en el que nada interrumpió tu paz; en el que te sentiste seguro de que eras amado y estabas a salvo. Imagina ahora lo que pasaría si ese momento se extendiera hasta el fin de los tiempos y a la eternidad. Permite entonces que la sensación de quietud que experimentaste se multiplique por cien, y vuelve a multiplicarla por cien después.

Ésta puede ser tu nueva normalidad. Puedes vivir en un mundo sin ilusión, en el que nada logre interrumpir tu paz. Cuanto más sanes del hábito del temor y aceptes el hábito del amor, más normal será para ti la felicidad. Deja que tu sensación interior de quietud se multiplique cada día a medida que afianzas tu fe en la orientación espiritual y el amor del Universo. Debes estar cada vez más seguro de que eres amado y estás a salvo cuando pides ayuda a tus guías y ángeles. Nada interrumpirá tu paz cuando reclames tu poder como imán. Acepta hoy tu nuevo punto de partida.

SÉ FELIZ EN PREVISIÓN DE LO QUE VIENE

Para permanecer sincronizados con el Universo, debemos recordarnos sin cesar que es imperativo que aceptemos que nuestra energía positiva es apoyada siempre. Cuando somos felices en previsión de lo que viene, esperamos milagros, nos sentimos a gusto en el flujo positivo y no nos resistimos más al amor del Universo. No cesamos de agradecer todo lo que es, aun si las cosas no marchan bien. Una vez oí decir a alguien en un grupo de recuperación de Alcohólicos Anónimos: "Gratitud no significa que tengamos que estar contentos con todo, sino agradecidos por las lecciones que hemos recibido". Podemos aceptar que incluso los momentos amargos son lecciones divinas que nos devuelven al amor. Podemos elegir por percibir toda la vida, desde la positividad hasta los desafíos, a través del mismo cristal del amor. Esta percepción de la vida llega cuando aceptamos que tenemos derecho a recibir milagros.

Vivir en feliz previsión de lo que viene despeja el camino a la solución en todas las situaciones, aun las difíciles. La alineación es todo lo que requieres para prever milagros. Cuando refuerzas tu fe en el Universo y acrecientas el impulso que está detrás de tus deseos, puedes esperar con ansia resultados positivos. Esto no siempre es fácil en un mundo lleno de temor, pero cuando aceptas que sentirte bien genera más cosas buenas, puedes esperar el apoyo Universal que está siempre a tu alcance.

Una vez vi un cartel que decía: "La fe no es esperar que Dios te ayude. Es saber que la ayuda está en camino". Cuando reclamamos nuestros deseos, debemos confiar en que el Universo capta lo que emitimos. No es preciso que tengamos la esperanza de que el apoyo aparezca; sabemos con toda certeza que ya está en camino. Es de suponer que a estas alturas ya hayas experimentado la celeridad con que el Universo es capaz de apoyarte. Quizás hayas recibido una señal de un guía espiritual, sentido alivio inmediato después de que recitaste una oración o incluso visto realizado en plena forma tu deseo. Celebra el apoyo del Universo y espera más. Todos podemos recibir milagros cuando decidimos emitir una señal positiva.

Confía en que tu energía positiva bastará para que tus deseos se cumplan. Cuando tienes fe en tu poder para atraer, puedes ser feliz en previsión de lo que viene. En lugar de que te preocupes por el futuro, sabes que todo está bien si estás alineado en el presente. Los momentos de alineación dirigen tu punto de atracción justo hacia lo que deseas. Date permiso de emocionarte con tus deseos y ábrete camino a través de tus sentimientos hacia la energía en todo lo que creas. Piensa que, en efecto, sentirte bien es en sí mismo un acto radical de creación.

CUIDA CÓMO TE SIENTES

Por encima de cualquier otra cosa, cuida cómo te sientes. Desde luego que a todos nos gusta sentirnos bien, pero no pensamos ni actuamos conscientemente con la mira puesta en que nos sintamos bien. De hecho, solemos hacer lo contrario. Cuidar cómo te sientes quiere decir que debes ser más reflexivo respecto a las palabras que eliges, las ideas que piensas y las acciones que emprendes. Quiere decir que debes tomarte la molestia de realinear tu energía con el amor.

Cuando cuidas cómo te sientes, mantienes una energía de receptividad. Situado en ese estado de receptividad, lo único que tienes que hacer es pensar en lo que deseas, y el Universo se encargará de concedértelo. Presta atención a lo que sucede cuando te sientes bien. ¿Cómo reaccionan los demás? ¿Qué tan rápido se resuelven los problemas? ¿Qué tan fácil es para ti que atraigas lo que deseas?

Mi método favorito para dirigir mis emociones agradables es algo que yo llamo Diseño Diario. Es muy fácil. Cada mañana al despertar, abre tu diario y contesta estas cuatro preguntas:

¿Cómo quiero sentirme hoy?
¿Quién quiero ser hoy?
¿Qué quiero recibir hoy?
¿Qué quiero dar hoy?

Responde cada una con el mayor detalle posible. Éste es un proceso de co-creación de tu día con el Universo. Contémplate mientras disfrutas de la finalización de una tarea que habías evitado. Imagina que tienes encuentros positivos con todos, desde tus familiares hasta tus compañeros de trabajo. Piensa que tu trayecto matutino transcurrirá sin contratiempos. Diseña tu día justo como quieres que sea y diviértete en tanto escribes sobre este tema.

El proceso de diseñar tu día y escribirlo es una eficaz manera de que te concentres justo en cómo quieres sentirte. Haz del Método del diseño diario un hábito matutino, y notarás que las cosas empezarán a resultar exactamente como lo planeaste, o que ocurrirá algo mejor todavía. La gente reaccionará más positivamente a ti. Si cuidas cómo te sientes y diriges tu atención a visualizaciones positivas, permitirás que el Universo te apoye. Cuanto más practiques los pensamientos agradables, más crecerá tu capacidad de recibir.

TOMA CONCIENCIA DE TU ENERGÍA

Otra forma de garantizar que cuides cómo te sientes es que repares en las interacciones que tienes con los demás. Recuerda que todos somos seres vibracionales, así que es fácil que absorbamos lo que otras personas emiten. Quizá ni siquiera te das cuenta cuando la energía de alguien ejerce influencia sobre ti. Sin embargo, es posible que adquieras más conciencia de la forma en que te afecta la energía de los demás. Presta atención a cómo te sientes en compañía de ciertos individuos, y pon de tu parte para que tomes conciencia de tu propia energía. No rechaces a la gente ni la juzgues porque tiene bajas vibraciones. Elige, en cambio, por fijar límites claros, pedir que se cambie de tema en una conversación o incluso apartarte cortésmente de una situación que disminuye tu estado vibracional. Es tu responsabilidad proteger tu energía. Recuerda, en cambio, que la energía de los demás no es responsabilidad tuya. La felicidad de los demás no está a tu cargo. Cada individuo posee capacidad suficiente para alterar su vida, y tú no puedes hacerlo por él. Si intentas imponerle positividad a alguien, te agotarás en vano. Lo mejor que puedes hacer por él es sentirte bien. Cuando te sientes bien, elevas la energía a tu alrededor, y los demás lo perciben. Confía en que tus emociones agradables confieren determinación a ambas partes.

BUSCA ALIVIO EN LUGAR DE SOLUCIONES

Sabes como imán que tus vibraciones agradables conducen a experiencias positivas. Acepta y espera que entre más positividad pongas en tu existencia, más apoyado te sentirás. Esta expectativa positiva te dará una sensación de libertad y calma en todas tus experiencias diarias. Por ejemplo, si tienes una discusión con un amigo y te sientes tentado a buscar una solución inmediata con el recurso de defenderte o de remediar el asunto, sigue la orientación de Abraham-Hicks y busca alivio en lugar de solución. A raíz de la búsqueda de alivio, alcanzarás una vibración agradable y la solución se te presentará pronto.

¿Cómo buscas alivio? Ora, repite una afirmación positiva o incluso distráete con una actividad que te produzca gozo. Tienes el poder de redirigir tu atención lejos de la urgencia de encontrar una solución. Yo me pregunto a veces: "¿Preferiría tener la razón o estar contenta?". Esta pregunta me devuelve siempre a la verdad de lo que quiero: ¡sentirme bien! Cuando hago de la felicidad mi prioridad sobre tener la razón y buscar soluciones, vuelvo al instante a una energía de serenidad. Prueba esto cada vez que te veas tentado a remediar una situación, y en cambio busca alivio. En cuanto encuentres alivio, las soluciones te encontrarán.

LA PRÁCTICA DE NO INTERFERIR

La práctica de no interferir es crucial cuando se vive como imán. Atraemos mucho más si nos hacemos a un lado. Haz todo lo posible por no controlar tus circunstancias; permite en cambio que se desenvuelvan en forma natural. Has hecho el gran esfuerzo de alinear tu energía; confía ahora en que tu alineación es suficiente para que recibas. Cuando estás en sincronía con tu verdadera naturaleza, puedes relajarte, estar en paz y permitir que la plenitud y alegría del Universo fluyan por ti. Deja que la gente te apoye. Permite que los milagros se desplieguen.

Como es de suponer, tu ego querrá resistirse. Cuando está en juego algo que te importa, querrás intervenir, hacerte pasar por Dios e intentar que las cosas salgan como a ti te gusta. Tu no resistencia consciente es indispensable para que permanezcas en flujo con el Universo. Fíjate todos los días como prioridad relajar un poco más tu resistencia. Cuando veas que cuestionas algo, cede eso al Universo con una oración.

Cuando descubras que criticas a los demás, elige al instante un tema más amable. Si al despertar te sientes desalineado, toma tu diario y practica el Método del diseño diario. O vuelve a tu práctica del capítulo 10: no hagas nada y deja que el Universo te indique qué hacer. Todas estas prácticas te inducirán a que te hagas a un lado y venzas tu resistencia. Cada método de este libro fue concebido para que adoptes un estado de rendición.

Presta atención a tus emociones y permite que te indiquen tu nivel de resistencia. Si notas que tu estado emocional está fuera de sincronía con el amor, eso revela que no permites el flujo del bienestar. No permitas que tus emociones se descarríen. Retorna a la escala emocional y regresa poco a poco a la dicha. Mantén tu compromiso de regresar al amor y confía en que cederás. Busca la manera de permanecer en armonía con las emociones del bienestar para que el apoyo y amor del Universo fluyan por ti sin resistencia alguna.

Abraham-Hicks llama a esto el arte de aceptar lo que deseas: permitir la salud, la riqueza, el bienestar y el amor. Enfatiza que no existe ninguna fuente de enfermedad; más bien, rechazamos el bienestar. No existe fuente alguna de escasez; rechazamos la abundancia. Desplaza tu percepción de lo que crees que careces a lo que no permites. Verás que la escasez que percibes en ti es reflejo de tu resistencia al amor del Universo. Emprende pequeñas acciones todos los días para vencer tu resistencia y aceptar todo lo que deseas.

Es hora de que permitas que fluya el abundante amor del Universo. Date permiso de sentirte bien y soñar en grande. No socaves tus deseos y visiones con creencias y palabras limitantes. Reclama lo que puedes ser y consigue lo que deseas. El amor está ahora a tu alcance. Puedes resistirlo o permitirlo. Es hora de que lo permitas.

COMPROMÉTETE A SER UN IMÁN

Al terminar este libro, estoy a unos días de dar a luz. Esta mañana desperté y supe que era el momento perfecto para que pongamos fin a nuestra aventura en común. Aquí me tienes, en medio de la mayor incertidumbre que he enfrentado nunca. El trabajo de parto y el parto están en gran medida fuera de mi control, a mi médico le agrada advertirme que daré a luz "a la joven edad de treinta y nueve años" y mi vida está a punto de cambiar para siempre.

En lugar de permitir que los temores de mi edad o mi trabajo de parto me consumieran, acudí a mi práctica espiritual y pedí una señal clara que confirmara que he tomado las decisiones correctas. La señal que elegí fue un cardenal, porque días antes noté que la corbata de mi médico estaba adornada con cardenales. Le pregunté acerca de eso y me dijo: "Me gustan las aves, y los cardenales están entre mis favoritas". Como pedí orientación respecto a mi doctor y mi trabajo de parto, elegí el cardenal como mi señal. En los días siguientes, fui alentada a tomar importantes decisiones sobre mi trabajo de parto, mientras esperaba que mi cardenal apareciera para que me asegurara que estaba en la senda correcta. Permanecí paciente y receptiva, y me informé acerca de mis opciones. Al final, y sin haber recibido mi señal, di con un plan que me hizo sentir bien. Le envié entonces un mensaje de texto a mi amiga y compañera de carrera espiritual MaryAnn para ponerla al tanto de mis planes. Me respondió una hora más tarde: "¡Excelente! Y en cuanto leí tu texto, vi un cardenal sobre la ventana de mi auto. Me pareció una buena señal para ti". Por increíble que parezca, MaryAnn no tenía idea de que el cardenal era mi señal, ¡y ni siquiera de que había pedido una! El espíritu trabajó por medio de ella para confirmar que yo estaba en la senda adecuada. Estar en clara comunicación con el Universo es la experiencia más impresionante. Es un don al que sé que he sido guiada.

En medio de esta incertidumbre, presión social y casos terribles, tengo dos opciones. Permitir que mi ego se instaure o recordar que soy un imán. Hoy sólo aceptaré una opción. Decido que seré un imán y tendré una fe inquebrantable en el Universo. Elijo la felicidad como mi punto de partida, elijo las expectativas positivas, elijo la gozosa previsión de lo que viene, elijo cuidar cómo me siento, elijo buscar alivio en lugar de soluciones y, sobre todo, elijo la práctica de no interferir. Someto mi voluntad a la orientación espiritual de la que dependo y hoy me rindo más todavía.

Quizá no haya rendición más grande que el nacimiento de un hijo. Y lo agradezco. Esta nueva experiencia en la que me he embarcado será mi mayor oportunidad de afianzar mi fe en el Universo. Es mi posibilidad de relajar por completo el control, visualizar mi deseo, sentirme bien, confiar y ceder. Tengo una oportunidad de vivir las prácticas de este libro de una manera totalmente nueva.

Al sentir la incertidumbre de mi trabajo de parto y la magnitud de mi transformación en madre, retorno a los mensajes de este texto. Se siente bien saber que hay un mundo más allá de la limitación y la duda. Es relajante saber que puedo poner mi trabajo de parto y el parto mismo bajo el cuidado del Universo, los ángeles y mis guías. Y me siento segura al ceder mis planes y confianza a un sistema de orientación espiritual. Hoy asumo este compromiso frente a ustedes, amigos míos. Me comprometo a permitir que el Universo me indique qué hacer. Me comprometo a permanecer en flujo con los pensamientos positivos y a mantener el impulso del gozo. Y me comprometo a recibir a mi hijo en este mundo con intrépida gracia y serenidad, en conocimiento de que soy un imán muy poderoso.

Asume hoy este compromiso contigo mismo. Di en voz alta: "Me comprometo a ser un imán". Permite que tu temor te devuelva al amor. Cuando enfrentes desafíos, ten la certeza de que existe un plan más allá del tuyo. Siéntete apoyado y guiado. Y ten la seguridad de que harás una gran contribución al mundo si decides vivir bajo la luz. Cada vez que levantas el velo y entras en la luz, el mundo se vuelve más brillante. No ceses de hacer del amor tu prioridad, cree en el Universo y sigue la orientación que recibas. Es tu decisión llevar una nueva vida llena de dicha, gracia, serenidad y fuerza. Es tu decisión divertirte, estar bien y atraer lo que deseas. Es tu decisión ser un imán.

Epílogo

Planeé entregar este manuscrito a la editorial el 18 de diciembre de 2018, un día antes del programado para que se me practicara una inducción. Mi médico había dedicado incontables horas a convencerme de que debía dar a luz a mi bebé a las cuarenta semanas, debido a mi edad. Al principio me resistí a sus sugerencias, pero al final dejé el plan en manos del Universo y pedí una señal. Tan pronto como recibí la señal del cardenal, supe que era correcto que siguiera con el plan de la inducción.

La noche del 17 de diciembre estaba en cama, con mi vientre abultado, dolor de espalda y las piernas hinchadas. Leía este manuscrito para hacer las últimas correcciones. ¡Leer estas páginas hizo que me sintiera muy bien! Este libro me devolvió una vez más al amor y reforzó mi fe en el Universo. Días antes del previsto para mi inducción, fui capaz de librarme de mi temor y recuperar la fe de que era guiada.

Tras una hora de lectura, me puse de pie para tomar algo. Para mi gran sorpresa, en cuanto me paré, la fuente se rompió. ¡Me estremecí de emoción! Le grité a Zach que había llegado la hora de marcharnos y tomé mi maleta destinada al hospital. ¡Mi bebé estaba en camino!

El alumbramiento al que creí estar destinada fue muy diferente al milagro que recibí. Quería que mi hijo llegara a su tiempo, y una vez más el Universo cumplió. Durante meses había mantenido una visión del trabajo de parto que deseaba tener. Me veía libre de temor, que superaba cada contracción con facilidad y que daba a luz a mi hijo apaciblemente. Tomé esta visión y la entregué al Universo.

Esa noche nos dirigimos con calma al hospital, llenos de nerviosa expectación pero también con una gran sensación de paz. A la mañana siguiente entré en trabajo de parto. Vivo en una ciudad rural que tiene un pequeño hospital regional. Tal como lo imaginé, yo era la única mujer en trabajo de parto en el área de maternidad. Contaba con el apoyo de dos magníficas doulas, seis enfermeras adorables, un obstetra muy atento y mi increíble esposo.

Por la ventana del hospital tenía una vista de un cielo de un azul muy vivo y las onduladas colinas del campo. Puse mi música con mantras y encendí lámparas votivas para dar serenidad al espacio. En cada contracción, exhalaba la palabra "Ahh". Éste es el sonido universal que representa a Dios, y se me ocurrió por instinto. Puse un pequeño altar al otro lado de mi cama con imágenes del bebé en la posición perfecta para el parto y otra imagen de una flor al momento de abrirse, en representación del cérvix con una dilatación de 10 centímetros. Cada hora meditaba con mis doulas, escuchaba mantras y contemplaba las imágenes. Tuve visiones de mi cérvix abriéndose y permanecí en calma durante cada contracción. Cada vez que el médico revisaba mi cérvix, me comprometía a meditar antes de que la contracción siguiente ayudara a mi cuerpo a abrirse más. Él volvía en una hora, y yo me había dilatado otro centímetro, más cerca del alumbramiento de mi bebé. Mi meditación, afirmación y visualización me guiaron durante las catorce horas de trabajo de parto. A la una de la mañana del día siguiente, mi hijo, Oliver, llegó a este mundo con gracia y serenidad. Cuando el médico lo depositó con delicadeza en mi pecho, lo miré y le dije: "Yo te conozco". Fue como si hubiéramos pasado juntos muchas vidas. Ése fue el mejor día de mi vida y mi mayor manifestación.

Mientras escribo este epílogo, Oliver duerme junto a mí en el sofá. Tiene siete semanas de nacido y ya ha demostrado que es mi mayor maestro espiritual. Trajo consigo para mí un nuevo sentido de presencia, paciencia y, sobre todo, oportunidad de ahondar mi fe en el Universo. Él es mi mayor deseo manifestado. Sé que el nacimiento de esta alma es un reflejo de mi disposición a ser guiada y de mi confianza en un plan más allá del mío.

El Universo tiene siempre un plan mucho mejor que nosotros. Los tres años que dediqué a tratar de concebir me enseñaron el don de la rendición. Me concentré en sentirme bien y fortalecí mi fe en el Universo para dar a luz a mi hijo en el momento perfecto. Al mirar atrás, compruebo que no hubo mejor momento que éste para que yo me convirtiera en madre. Retorno cada día a estas prácticas para que me recuerden que cualquier cosa es posible cuando me alineo con mi poder como imán. Me he comprometido a vivir estas verdades e inculcarlas en mi hijo. La mayor lección que puedo darle es que cuando se alinee con el poder del amor, tendrá una vida milagrosa.

Nuestra disposición a abandonarnos al Universo es lo que permite que una orientación invisible tome el mando. Cuando nos rendimos, nos realineamos con la fe, y en esa alineación se nos indica adónde ir y qué hacer. Podemos relajarnos y confiar en la correcta evolución de los acontecimientos. Enorgullécete de tu compromiso con estas prácticas y celebra tus cambios internos. Que estas páginas guíen tu sendero y abran espacio para que el Universo sea el partero de tus sueños.

Agradecimientos

Agradezco y honro al equipo de ángeles humanos que me ayudaron a dar vida a este libro. A mis agentes, Scott Hoffman y Steve Troha, gracias por guiarme en el proceso editorial. Gracias a Reid Tracy, Patty Gift, Michelle Pilley, Anne Barthel y toda la familia de Hay House por creer en mí y mi trabajo. Estoy muy agradecida con mi recientísima relación editorial con Stacy Creamer, de Audible. ¡Ojalá el audiolibro sirva a muchas almas! Jamás podría lanzar un libro sin mi dedicado equipo de relaciones públicas, Sarah Hall PR. Gracias, Jessica Reda y Sarah Hall, por cerciorarse siempre de que mi mensaje se difunda por doquier. Estoy sumamente agradecida con el trabajo de Esther Hicks y Abraham; gracias por la inspiración. Doy gracias a mi editora, Katie Karas. Eres mi socia literaria y querida amiga, Katie, y es un honor tenerte a mi lado. Gracias a mi equipo por reservarme un espacio para ser creativa y sentirme apoyada. Gracias a mi organizadora de eventos, Anette Sharvit, por confirmar que todos los libros sean autografiados en las giras de presentaciones. Gracias a mis amigas de mi equipo de desarrollo personal, Kachina Myers, Tammy Valicenti, Aviva Romm, Teri Goetz, Aimee Raupp, MaryAnn DiMarco, Alexandra Sacks y Lori Leyden. Gracias a todas por ayudarme a sanar para que pueda elevarme. Por último, gracias a mi esposo y mejor amigo, Zach. Z, eres el más grande socio, esposo, amigo y padre. Oliver tiene la fortuna de llamarte papá.

Esta obra se imprimió y encuadernó
en el mes de agosto de 2024,
en los talleres de Impregráfica Digital, S.A. de C.V.
Av. Coyoacán 100-D, Col. Del Valle Norte,
C.P. 03103, Benito Juárez, Ciudad de México.